KB211420

航空汉语

빠르고 쉬운 중국어를 이용한 기내 서비스

항공중국어

이지연 · 서효원 공저

🅱 (주)백산출판사

머리말

『항공중국어』라는 제목과 같이 이 책은 항공기라는 한정된 공간에서 항공기 내 업무 수행에 필요한 중국어를 반복적으로 사용하는 항공승무원을 위한 기내 회화책이다.

소통이 기본이 되어야 하는 서비스에서 소통을 위하여 다양한 언어를 구사할 줄 아는 것만으로도 승무원의 기본 자질을 고루 갖추었다고 할 수 있을 것이다. 승무원은 한 가지의 언어를 전문 통역가처럼 훌륭하게 구사하는 것보다, 각기 다른 언어를 사용하는 다양한 승객들을 위하여 다양한 언어를 친근하게 구사할 줄 아는 것이 더 필요하다. 이에, 본 책자는 정확하고 확실한 중국어를 위한 정통 중국어 학습교재가 아닌 중국어의 기초가 확실히 다져져 있지 않아도, 쉽고 빠르게 기내에서 소통할 수 있도록 쓰인 중국어 기내 말하기 교재라고 할 수 있겠다.

따라서 이 책에서는 중국어 기초 없이, 빠르고 쉽게 중국어를 이용한 기내 서비스가 가능하도록 하는 것이 목적으로 최대한 유사한 한국어 발음도 병음과 함께 한글로 표기하였다. 그러나, 정확한 발음을 위해서는 병음의 발음을 반드시 이해하여야 한다.

아무쪼록, 중국항공사 및 국내 항공사의 모든 현직 승무원은 물론, 미래의 승무원 모두 점점 더 늘어 나는 중국인 승객들께 최고의 서비스를 위한 기본이 되는 소통에 이 책이 많은 도움이 되었으면 하는 바람이다.

2020년 3월
저자 일동

차례

03편 비행의 시작, 이렇게라도 외워보자

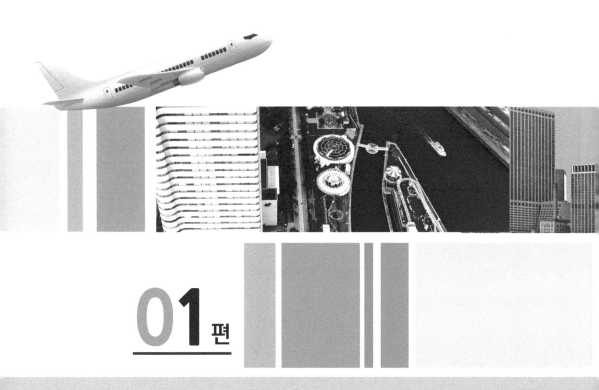

01편

중국어 시작,
이것만은 알고 가자

1. 중국어의 구성

1. 중국어의 구성

你 : 너, 당신

성조

nǐ　　(pīnyīn) 병음 : 니

성모/운모　　　　　　　　자음/모음

　중국어는 위와 같이 한자, 성조, 병음(성모, 운모)으로 구성되어 있다. 병음은 한자의 발음으로 우리가 어렵지 않게 접하는 알파벳으로 표기하며, 성조는 소리의 높낮이라고 생각하면 쉽게 이해할 수 있다. 대부분의 중국어 발음(병음)은 위와 같이 한글 발음으로 유사하게 익힐 수 있다. 이 책에서는 중국어 기초 없이, 빠르고 쉽게 중국어를 이용한 기내 서비스가 가능하도록 하는 것이 목적으로 최대한 유사한 한글 발음도 병음과 함께 적어두기로 했다. 그러나, 정확한 발음을 위해서는 병음의 발음을 반드시 이해하여야 한다.

2. 성조

2. 성조

- 1성 (좋-아-)요~~~~
  '쏠' 정도의 음으로 끝까지 '쏠'
  음으로 끝까지 이어준다.

- 2성 왜?
  물어보듯이 왜? 중간에서 높이
  올려 준다.

- 3성 나, (돈 좀 빌려줘)
  최대한 비굴하게 낮은 음에서
  올려준다.

- 4성 야! 뚝!
  화내듯 짧고 굵게 위에서 아래
  로 떨어뜨리며 소리 낸다.

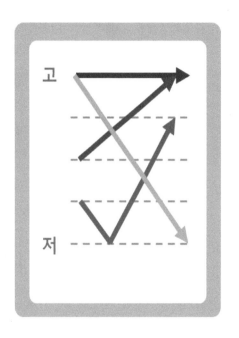

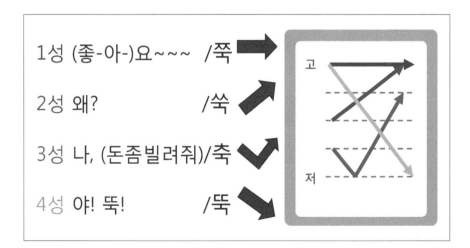

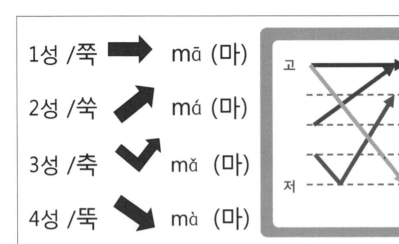

1성 /쭉 ➡ mā (마)

2성 /쑥 ↗ má (마)

3성 /축 ✔ mǎ (마)

4성 /뚝 ➘ mà (마)

1성 /쭉 ➡ kāfēi(카페이) 커피

2성 /쑥 ↗ táng(탕) 설탕

3성 /축 ✔ měi(메이) 아름답다, (미국)미

4성 /뚝 ➘ shì(슬) ~식

* měi(메이) shì(슬) kāfēi(카페이) : 아메리카노
　미국　　　식　　　커피

■ 단어로 보는 성조의 경우의 수

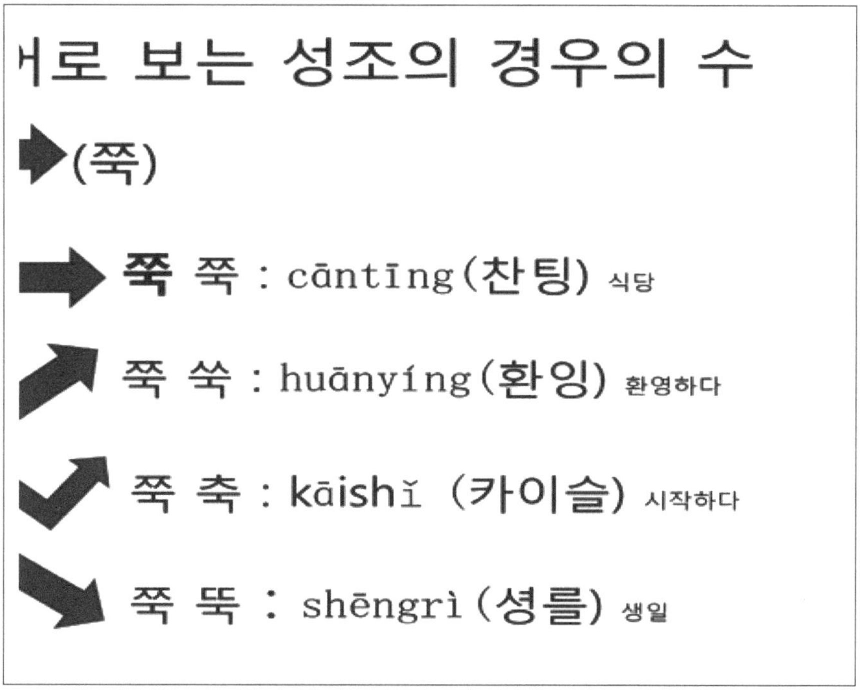
ㅓ로 보는 성조의 경우의 수
(쭉)
쭉 쭉 : cāntīng(찬팅) 식당
쭉 쑥 : huānyíng(환잉) 환영하다
쭉 축 : kāishǐ (카이슬) 시작하다
쭉 뚝 : shēngrì(셩를) 생일

2성 (쑥)
쑥 쭉 zuótiān(주오티엔) 어제
쑥 쑥 xuéxí(쉬에시) 공부하다
쑥 축 méiyǒu(메이요우) 없다, 아니요
쑥 뚝 zhǔnbèi(준빼이) 준비하다

3성  (축)

 축 쭉 Běijīng(베이징) 북경

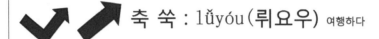 축 쑥 : lǚyóu(뤼요우) 여행하다

 축 축(쑥축) : kěyǐ(커이) ~할 수 있다. 됩니다.

 축 뚝 : kǎoshì(카오슬) 시험

* 3성+3성의 경우 2성+3성으로 변형되어진다.

4성  (뚝)

 뚝 쭉 dàjiā(따지아) 여러분

 뚝 쑥 Hànyǔ(한위) 한국어

 뚝 축 xiàyǔ(씨아위) 비가오다

 뚝 뚝 jièshào(찌에샤오) 소개하다

3. 발음

3. 발음

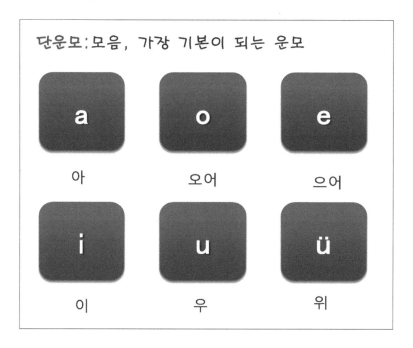

i(ui) 결합운모:
i 뒤에 다른 운모가 결합되어 만들어진 운모로,
i가 성모 없이 단독으로 쓰일 때는 ui로 표기.

ia
(ya) 이야

ie
(ye) 이예

iao
(yao) 이야오

iou
(you) 이여우

ian
(yan) 이앤

iang
(yang) 이양

iong
(yong) 이용

in
(yin) 인

ing
(ying) 잉

u(wu) 결합운모:
u가 성모 없이 단독으로 쓰일 때는 wu로 표기

ua
(wa) 우와

uo
(wo) 우워

uai
(wai) 우와이

uan
(wan) 우완

uang
(wang) 우왕

uei
(wei) 우웨이

uen
(wen) 우원

ueng
(weng) 우웡

ü（yu）결합운모

ü가 성모없이 단독으로 쓰일 경우, yu로 표기

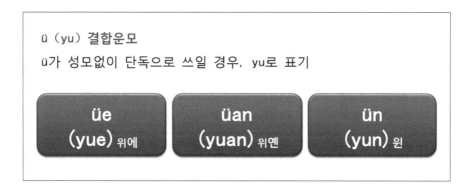

b p m (쌍순음) : 아랫입술과 윗입술을 붙였다 떼면서 발음

八여덟
bā빠

跑달리다
pǎo파아오

买사다
mǎi 마아이

f (순치음) : 아랫입술 안쪽에 윗니를 살짝 댔다 떼면서 발음

饭밥
fàn

d t n l (설첨음) : 혀끝을 윗잇몸 안쪽에 댔다 떼면서 발음

东동
dōng똥

听듣다
tīng팅

男남자
nán난

来오다
lái라이

g k h (설근음) : 혀뿌리로 목구멍을 막았다가 떼면서 발음

高높다
Gāo까아오

开열다
Kāi 카아이

喝마시다
hē 흐어

j q x(설면음) : 입을 옆으로 벌리고 혀를 넓게 펴서 발음

j(i) 지   **q(i)** 치   **x(i)** 시

鸡닭   家집   七칠   西서쪽

jī 지   jiā 지아   qī 치   xī 시

zh ch sh r(권설음) : 혀끝을 말아 입천장에 닿을 듯 말 듯하게 하고
그 사이로 공기를 내보내면서 발음

zh(i) 즈   **ch(i)** 츠   **sh(i** 스   **r(i)** 르

这이것   吃먹다   书책   热덥다

zhè 즈으어   chī 츨   shū 슈   rè 르어

z c s(설치음) : 혀끝을 앞니의 뒷면에 붙였다 떼면서 발음

z(i) 쯔   **c(i)** 츠   **s(i)** 쓰

早아침   菜요리   四 4

zǎo 짜오   cài 차이   sì 쓰

*성모 zh,ch,sh,r,z,c,s와 'i'가 zhi와 같이 합쳐지면 'i'는 '으'와 같이 발음된다.

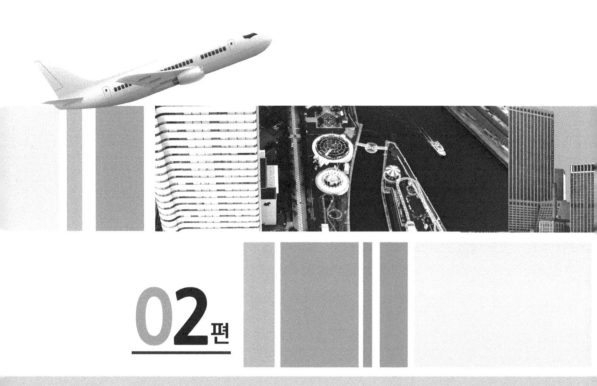

02편

비행의 시작,
이것만은 알고 가자

1. 자기소개

1. 자기소개自我介绍 zìwǒ jièshào

您好!我是韩籍乘务员***。
Nínhǎo!wǒ shì hánjí chéngwùyuán***.
안녕하십니까, 저는 한국승무원 ***입니다.

我在中国东方航空工作了3年，是经济舱的乘务员。
Wǒ zài Zhōngguó Dōngfānghángkōng gōngzuò le sān nián, shì jīngjìcāng de chéngwùyuán.
저는 동방항공에서 3년째 일하고 있습니다. 저는 일반석 승무원입니다.

我是第四批韩籍乘务员。
Wǒ shì dìsìpī hánjí chéngwùyuán.
저는 한국승무원 4기입니다.

我中文说得不太好，最近我正在学中文。
Wǒ zhōngwén shuōde bútàihǎo, zuìjìn wǒ zhèngzài xué zhōngwén.
중국어는 잘 못합니다. 지금 중국어를 배우고 있습니다.

我会尽最大的努力。
Wǒ huì jìn zuìdà de nǔlì.
최선을 다해 일하겠습니다.

请多多关照。
Qǐng duō duō guān zhào.
잘 부탁드립니다.

학습단어

~살, ~세 岁 suì, 제 第 dì, 일등석 头等舱 tóuděngcāng,
비즈니스석 公务舱 gōngwùcāng, 일반석 经济舱 jīngjìcāng,
한국 韩国 Hánguó, 중국 中国 Zhōngguó, 일본 日本 Rìběn

 1. 자기소개 自我介绍 zìwǒ jièshào

1. 岁 suì [양사] '세', '살'이라는 의미로 나이를 세는 데 사용되는 양사이다.

你今年几岁了?
Nǐ jīnnián jǐ suì le?
올해 몇 살이 되었나요?

我今年25岁了。
Wǒ jīnnián èrshíwǔ suì le.
올해 25살입니다.

참고 '你几岁 nǐ jǐsuì?'는 보통 연령이 낮은 어린이에게 묻는 경우 사용되므로 주의한다.

你多大?
Nǐ duōdà?
나이가 어떻게 되시나요?(성인의 나이를 묻는 경우)

您多大年纪?
Nín duōdà niánjì?
연세가 어떻게 되시나요?(연장자의 나이를 묻는 경우)

2. 第 dì [접두사] '제'라는 의미로 수사 앞에 놓여 차례의 몇 째를 가리킨다.

我是第一批韩籍乘务员。
Wǒ shì dì yī pī Hánjí chéngwùyuán.
저는 제 1기 한국 승무원입니다.

我们今天学第五课。
Wǒmen jīntiān xué dì wǔ kè.
오늘은 제 5과를 학습합니다.

3. 정도보어

'보어'란 동사 또는 형용사 뒤에서 보충하여 설명하는 것을 말한다. 즉, 정도보어란 동작의 정도 혹은 상태를 설명하는 것을 일컫는데 동사와 정도보어 사이는 '得 de'가 연결해 준다.

[동사/형용사 + 得 de + 정도보어]

我中文说得很好。
Wǒ Zhōngwén shuō de hěn hǎo.

저는 중국어를 잘 합니다.(동작의 정도-말하는 정도가 매우 훌륭하다)

看得很清楚。
kàn de hěn qīngchu.

매우 잘 보입니다.(동작의 상태-보이는 상태가 매우 뚜렷하다)

4. 자기소개 주요 단어

头等舱 tóuděngcāng 기내 일등석
公务舱 gōngwùcāng 기내 비즈니스석
经济舱 jīngjìcāng 기내 일반석
韩国 Hánguó 한국
中国 Zhōngguó 중국
日本 Rìběn 일본

2. 사무장 브리핑

2. 사무장 브리핑乘务长 简报 chéngwùzhǎngjiǎnbào

大家好，我是今天sd 1233次航班的乘务长***。
Dà jiā hǎo , wǒshì jīntiān sd 1233cì hángbān de chéngwùzhǎng***.

여러분 안녕하세요. 저는 오늘 sd 1233편 사무장 ***입니다.

AB 346次航班前往仁川，本次航班有机长 3 名，安全员 2 名，乘务员 13名。
AB 346 cì hángbān qiánwǎng Rénchuān, běncì hángbān yǒu jīzhǎng sānmíng, ānquányuán liǎngmíng, chéngwùyuán shísān míng.

AB 346 항공기로 기장 3명, 안전요원 2명 승무원 13명이 탑승합니다.

从上海出发，到达仁川。计划起飞时间是上午09:15分，当地时间11点45分到达，预计空中飞行时间是1小时30分钟。
Cóng Shànghǎi chūfā, dàodá Rénchuān. Jìhuà qǐfēi shíjiān shì shàngwǔ 9diǎn15fēn. Dāngdì shíjiān 11diǎn 45fēn dàodá, yùjì kōngzhōng fēixíng shíjiān shì 1xiǎoshí 30 fēnzhōng.

상해출발 인천도착 sd 1233편은 오전 09:15분 출발, 현지 시간 11시 45분 도착, 1시간 30분 비행이며

仁川到上海的sd1234次航班，12点45分起飞，北京时间13点15分到达。
Rénchuān dào Shànghǎi de sd1234cì hángbān, 12diǎn45fēn qǐfēi, Běijīng shíjiān 13diǎn15fēn dàodá.

인천 출발 상해도착 sd 1234편은 12:45분 출발 중국시간 13시 15분 도착입니다.

本次航班有2位头等舱乘客, 5位公务舱乘客, 189位经济舱乘客, 1位UM。
Běncì hángbān yǒu 2 wèi tóuděngcāng chéngkè, 5 wèi gōngwùcāng chéngkè, 189 wèi jīngjì cāng chéngkè, 1 wèi UM.

승객은 퍼스트 2명, 비즈니스 5명 이코노미 189명이며, UM 1명입니다.

由于今天连接航班延误, 飞机会延误20分钟左右。
Yóuyú jīntiān liánjiē hángbān yánwù, fēijī huì yánwù 20fēnzhōng zuǒyòu.
오늘 연결편 항공기 도착 지연으로 약 20분간 딜레이가 예상됩니다.

请所有乘务员登机后尽快做好飞行准备。
Qǐng suǒyǒu chéngwùyuán dēngjī hòu jìnkuài zuòhǎo fēixíng zhǔnbèi.
모든 승무원들은 비행탑승 후 비행 준비를 서둘러 마치기 바랍니다.

请客舱乘务人员进行灭火器, 救生衣, 安全带等的安全检查. 所有检查完成后请及时报告。
Qǐng kècāng chéngwùrényuán jìnxíng mièhuǒqì, jiùshēngyī, ānquándài děng de ānquánjiǎnchá. Suǒyǒu jiǎnchá wánchéng hòu qǐng jíshí bàogào.
그렇지만 소화기, 구명조끼, 안전벨트 등의 안전점검은 빠짐없이 하기 바라며,
모든 점검 후 보고하시기 바랍니다.

以上简报结束。
Yǐshàng jiǎnbào jiéshù.
이상 브리핑을 마치겠습니다.

학습단어

명 名 míng, ~이다 是 shì, 소화기 灭火器 mièhuǒqì,
구명조끼 救生衣 jiùshēngyī, 안전벨트 安全带 ānquándài

추가 - 탑승 후 사무장 보고

乘务长, 已经做好安全检查。

Chéngwùzhǎng, yǐjīng zuò hǎo ānquán jiǎnchá.

사무장님 안전설비 모두 확인하였습니다.

乘务长, 27A读书灯故障。

Chéngwùzhǎng, 27A dúshūdēng gùzhàng.

사무장님 27A 독서등 고장입니다.

乘务长, 后面洗手间门出现故障。

Chéngwùzhǎng, hòumian xǐshǒujiān mén chūxiàn gùzhàng.

사무장님 뒤쪽 화장실 문이 고장났습니다.

2. 사무장 브리핑乘务长 简报 chéngwùzhǎngjiǎnbào

1. 是shì[동사]…이다

是 자문

是 자문이란 是 이 술어로 쓰인 문장이다. 주로 판단을 나타내며 부정은 '是' 앞에 부정을 뜻하는 '不'를 붙인다.

(1) 我是乘务长。
Wǒ shì chéngwùzhǎng.

(2) 他不是1233次航班的乘务长。
Tā búshì 1233cì hángbān de chéngwùzhǎng.

2. 名 míng [명], 사람을 세는 단위.

양사란 사람, 사물, 동작을 세는 단위를 말하며, 양사의 위치는 일반적으로 '수사+양사+명사'이다.

(1) 三 sān (수사)+名 míng (양사)+乘务员 chéngwùyuán(명사)

(2) 五 wǔ (수사)+个 ge (양사)+人 rén (명사)

3. 중국어 숫자

一	二	三	四	五
yī	èr	sān	sì	wǔ
일	이	삼	사	오
六	七	八	九	十
liù	qī	bā	jiǔ	shí
육	칠	팔	구	십
一百	一千	一万	一亿	
yìbǎi	yìqiān	yíwàn	yíyì	
일백	일천	일만	일억	

단, 두 개, 두 명 등 양사 앞에서 개수를 나타낼 때는 二 èr이 아닌
兩 liǎng을 쓴다.

4. 시각표현

上午 shàngwǔ 오전, 下午 xiàwǔ 오후
点 diǎn 시, 分 fēn 분
刻 kè 15분, 半 bàn 30분, 差 chà ～전

3시 10분	三点十分 sān diǎn shí fēn
3시 15분	三点十五分 sān diǎn shíwǔ fēn 三点一刻 sān diǎn yí kè
3시 30분	三点三十分 sān diǎn sānshíwǔ fēn 三点半 sān diǎn bàn
3시 45분	三点四十五分 sān diǎn sìshíwǔ fēn 三点三刻 sāndiǎn sān kè 差一刻四点 chà yí kè sì diǎn

3. 탑승권

3. 탑승권 登机牌 dēng jī pái

```
SDNU AIRLINES   ECONOMY CLASS        BOARDING PASS
① 姓名        ② 航班号/ ③ 日期/ ④ 舱位    姓名   LEE/JIYEON
  LEE/JIYEON   SN382   25DEC  Y        出发地 SEOUL
                                       目的地 SHANGHAI
⑤ 出发地      ⑥ 目的地       ⑦ 序号134   日期 25DEC  Y
  ICN          PVG                     座位号        航班号
                                       32A      SN382
⑧ 登机口      ⑨ 登机时间     ⑩ 座位号
  12           0955          32A
⑪ 坐位区域 1  ⑫ 票号 ETKT445124356345667567/1   ETKT445124356345667567/1

⑭ GATES CLOSED 10 MINUTES BEFORE DEPARTURE TIME
```

그림 참조 参考图片

姓名	xìng míng	이름
航班号	háng bān hào	편명(숫자)
日期	rì qī	날짜
舱位	cāng wèi	클래스
出发地	chū fā dì	출발지
目的地	mù dì dì	목적지
序号	xù hào	수속창번호
登机口	dēng jī kǒu	탑승게이트
登机时间	dēng jī shí jiān	탑승시간
座位号	zuò wèi hào	좌석번호
座位区域	zuò wèi qū yù	좌석구역
票号	piào hào	표번호

학습단어

시간 时间 shí jiān, 복도좌석 靠过道座位 kào guò dào zuò wei,
창문좌석 靠窗座位kào chuāng zuò wei

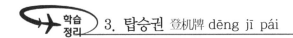 3. 탑승권 登机牌 dēng jī pái

1. 时间 shíjiān [명사] 시간

登机时间
dēngjīshíjiān
> 탑승시간

上课时间
shàngkèshíjiān
> 수업시간

你有时间吗?
Nǐ yǒu shíjiān ma?
> 시간 있나요?

> **참고** 时间 shíjiān와 小时 xiǎoshí
> 时间 shíjiān, 小时 xiǎoshí 모두 '시간'이라는 의미이나, 时间은 말 그대로 '시간'이라는 명사로 사용되고, 小时은 일반적으로 양사 个 ge와 함께 시간의 정도 및 길이를 나타낸다.

三个小时
sān ge xiǎoshí
> 3시간

到上海需要两个小时。
Dào Shànghǎi xūyào liǎng ge xiǎoshí.
> 상해까지 두 시간이 걸립니다.

2. 靠 kào [동사] 대다, 닿다

靠过道座位
kào guòdào zuòwèi
> 통로 쪽 좌석

靠窗座位
kào chuāng zuòwèi
> 창가 쪽 좌석

4. 환영인사

4. 환영인사 欢迎问候 huān yíng wèn hòu

您好!欢迎登机。

Nín hǎo. Huānyíng dēngjī.

안녕하십니까? 탑승을 환영합니다.

请给我看一下登机牌。/请出示您的登机牌。

Qǐng gěi wǒ kàn yí xià dēngjīpái./Qǐng chūshì nín de dēngjīpái.

탑승권 좀 보여주시겠습니까?

请里边走。

Qǐng lǐ biān zǒu.

안쪽으로 들어가십시오.

请往里边, 然后右走。

Qǐng wǎng lǐ biān, ránhòu yòu zǒu.

안쪽에서 오른쪽입니다.

请这边, 直走。

Qǐng zhèbiān, zhí zǒu.

이쪽 통로를 따라 쭉 들어가십시오.

학습단어

아침 早上 zǎo shang, 점심 中午 zhōng wǔ, 저녁 晚上 wǎn shang
인사 问候 wèn hòu. 앞 前 qián, 뒤 后 hòu, 중간 中间 zhōng jiān
오른쪽 右边 yòu biān 왼쪽 左边 zuǒ biān

학습
정리 4. 환영인사欢迎问候 huān yíng wèn hòu

1. 인사표현

您好!
Nínhǎo!

안녕하세요.(你好의 높임말)

早上好!
Zǎoshang hǎo!

안녕하세요.(아침인사 – 早上 zǎoshang 아침)

中午好!
Zhōngwǔ hǎo!

안녕하세요.(점심인사 – 中午 zhōngwǔ 점심)

晚上好!
Wǎnshang hǎo!

안녕하세요.(저녁인사 – 晚上 wǎnshang 저녁)

2. 给 gěi [동사] ~에게 ~을 주다

[주어+술어(给 gěi)+간접목적어(사람)+직접목적어(사물, 호칭)]

请给我两个毛毯。
Qǐng gěi wǒ liǎng ge máotǎn.

담요 두 개를 주세요.

请给我报纸。
Qǐng gěi wǒ bàozhǐ.

신문을 주세요.

3. 边 biān [접미사] ~쪽, ~측(위치 방향을 나타냄)

上边	shàngbian	위쪽
下边	xiàbian	아래쪽
前边	qiánbian	앞쪽
后边	hòubian	뒤쪽
左边	zuǒbian	왼쪽
右边	yòubian	오른쪽
东边	dōngbian	동쪽
西边	xībian	서쪽
南边	nánbian	남쪽
北边	běibian	북쪽

4. 往 wǎng [개사] ~쪽으로, ~을 향해

请往前走。
Qǐng wǎng qián zǒu.

앞쪽으로 가세요.

往后看。
Wǎng hòu kàn.

뒤쪽을 보다.

참고 往 wǎng와 向 xiàng 往, 向 모두 '~쪽으로'라는 의미로, 방향을 나타낼 때에는 서로 바꾸어 쓸 수 있다. 단, 往은 사람을 목적으로 취할 수 없다.

往东边走。
Wǎng dōngbian zǒu.

向东边走。
Xiàng dōngbian zǒu.

동쪽으로 가다.

往他报告。
Wǎng tā bàogào.(×)

向他报告。
Xiàng tā bàogào.(○)

보고하다.

5. 좌석안내

5. 좌석안내 座位向导 zuò wei xiàng dǎo

我的座位在哪里?
Wǒ de zuòwei zài nǎlǐ?
제 좌석은 어디인가요?

您好, 帮您看一下。
Nín hǎo, bāng nín kàn yí xià.
안녕하세요 좌석안내 해 드릴게요.

您的座位是28D。请跟我来。
Nín de zuòwei shì 28D. Qǐng gēn wǒ lái.
손님 좌석은 28D입니다. 저를 따라오세요.

您的座位在这里。
Nín de zuòwei zài zhèlǐ.
손님 여기입니다.

洗手间现在可以用吗?
Xǐshǒujiān xiànzài kěyǐ yòng ma?
화장실을 지금 이용해도 될까요?

可以, 洗手间在后面。
Kě yǐ, xǐshǒujiān zài hòumian.
네, 화장실은 뒤쪽에 있습니다.

谢谢。
xiè xie.
감사합니다.

여기 这里 zhè lǐ / 저기 那里 nà lǐ, 앞 前 qián, 중간 中间 zhōng jiān, 뒤 后 hòu

5. 좌석안내座位向导 zuò wei xiàng dǎo

1. 这 zhè [대명사] 이것, 이

사람 · 사물 · 장소 등을 가리키는 지시대명사로 '那 nà 저것'와 호응
하여 쓰인다.

这是我的登机牌。
Zhè shì wǒ de dēngjīpái.
〔이것은 저의 탑승권입니다.〕

请那边走。
Qǐng nà biān zǒu.
〔저 쪽으로 가세요.〕

참고 여기(이곳), 거기(저곳), 어디(어느 곳) 장소 표현하기

这 zhè(이), 那 nà(저), 哪 nǎ(어느) 의 대명사에 里 lǐ 혹은 儿 ér을 붙여
표현할 수 있다.

这 zhè + 里 lǐ / 儿 ér = 这里 zhèlǐ / 这儿 zhèr : 여기

那 nà + 里 lǐ / 儿 ér = 那里 nàlǐ / 那儿 nàr : 거기

哪 nǎ + 里 lǐ / 儿 ér = 哪里 nǎlǐ / 哪儿 nǎr : 어디

2. 在 zài [동사] ~에 있다

[사람/사물+在 zài+장소]

他在上海。
Tā zài Shànghǎi.
〔그는 상하이에 있습니다.〕

您的座位在这里。
Nín de zuòwèi zài zhèlǐ.

당신의 좌석은 여기입니다.

참고 在 zài가 개사로 쓰이는 경우 '~에서'의 의미이다.

[사람/사물 + 在 zài + 장소 + 동사술어]

他在上海学汉语。
Tā zài Shànghǎi xué Hànyǔ.

그는 상하이에서 중국어를 공부합니다

我在山东航空公司工作。
Wǒ zài Shāndōng hángkōnggōngsī gōngzuò.

나는 산동 항공에서 일합니다.

3. 前面 qiánmiàn [명사] 앞·앞쪽, 中间 zhōngjiān 중간, 后面 hòumian

뒤·뒤쪽

您的座位在后面。
Nín de zuòwèi zài hòumiàn.

당신의 좌석은 뒤쪽입니다.

洗手间在中间。
Xǐshǒujiān zài zhōngjiān.

화장실은 중간에 있습니다.

6. 휴대 가방

6. 휴대 가방登机箱 dēng jī xiāng

你好!请把包放在前座下面或者行李架上。
Nǐhǎo! Qǐng bǎ bāo fàngzài qiánzuò xiàmiàn huòzhě xínglǐjià shang.
안녕하세요. 손님 가방은 앞좌석 밑이나 선반(오버헤드빈) 위에 놓으시면 됩니다.

过道儿不能放行李。
Guòdàor bùnéng fàng xínglǐ.
손님, 통로에는 짐을 놓으실 수 없습니다.

需要我帮您把包放上面吗?
Xūyào wǒ bāng nín bǎ bāo fàng shàngmian ma?
제가 위에 올려 드릴까요?

包里有没有易破损物品?
Bāolǐ yǒuméiyǒu yìpòsǔn wùpǐn?
가방 안에 혹시 깨지는 물품이 있을까요?

请放在座位正上方。
Qǐng fàng zài zuòwei zhèngshàngfāng.
바로 위쪽에 올려드렸습니다.

 학습단어

가방 包 bāo / 노트북 笔记本 (笔记本电脑 bǐ jì běn diàn nǎo)

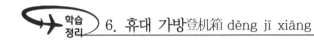

학습
정리 6. 휴대 가방登机箱 dēng jī xiāng

1. 把 bǎ [전치사] ~을

일반적으로 전치사 把는 '~을, ~으로'라고 해석한다.

중국어 어순은 [주어+동사+목적어]이나, 목적어를 동사 앞으로 끌어
내어 동작의 결과나 방식을 강조하는 역할을 한다.

请把您的包放在行李架上。
Qǐng bǎ nín de bāo fàng zài xínglijià shang.
당신의 가방을 선반(오버헤드빈) 위에 올려주세요.

我帮您把行李放上面, 好吗?
Wǒ bāng nín bǎ xíngli fàng shàngmian, hǎoma?
제가 당신을 도와 짐을 위에 올려드려도 괜찮으십니까?

2. 包 bāo [명사] 가방

背包 bēibāo 배낭
手提包 shǒutíbāo 손가방

참고 登机箱 dēngjīxiāng 기내용 가방
行李箱 xínglǐxiāng (일반 여행) 가방

3. 기내 휴대 전자기기

电子设备 diànzǐshèbèi 전자기기
笔记本电脑 bǐjìběndiànnǎo 노트북 컴퓨터
平板电脑 píngbǎndiànnǎo 태블릿 컴퓨터
手机 shǒujī 휴대폰
充电宝 chōngdiànbǎo 보조배터리

7. 화장실

7. 화장실洗手间 xǐ shǒu jiān

洗手间在 哪儿/哪里?
Xīshǒujiān zài nǎr /nǎ lǐ?
화장실이 어디인가요?

洗手间在中间。
Xīshǒujiān zài zhōngjiān.
손님 화장실은 중간에 있습니다.

洗手间现在可以用吗?
Xīshǒujiān xiànzài kěyǐ yòng ma?
지금 화장실을 이용해도 될까요?

可以使用。但是/可是 洗手间有人。
kěyǐ shǐyòng. Dànshì /kěshì xīshǒujiān yǒu rén.
네 가능합니다. 그런데 화장실 안에 사람이 있습니다.

稍等一下。
shāo děng yí xià.
잠시 기다려 주세요.

학습단어

화장실 휴지 卫生纸 wèi shēng zhǐ / 양변기 马桶 mǎ tǒng /
물 내리는 버튼 冲水按钮 chōng shuǐ àn niǔ / 사람이 있다 有人 yǒu rén/
사람이 없다 没有人 méi yǒu rén

7. 화장실 洗手间 xǐ shǒu jiān

1. 可以 kěyǐ [조동사] '~할 수 있다', '~해도 된다'

가능성이나 추측을 나타낸다. 부정은 일반적으로 不 bù를 사용한다.

现在可以用洗手间。
Xiànzài kěyǐ yòng xǐshǒujiān.
지금 화장실을 사용할 수 있습니다.

现在不可以换座位。
Xiànzài bù kěyǐ huàn zuòwèi.
지금은 좌석을 바꿀 수 없습니다.

2. 有 yǒu [동사] '~이 있다', '~을 가지고 있다'

존재 또는 소유를 나타내며, 有 yǒu의 부정형은 '没有 méiyǒu'이다.

洗手间没有人。
Xǐshǒujiān méiyǒu rén.
화장실에 사람이 없습니다.

我们有空座位。
Wǒmen yǒu kòng zuòwèi.
빈 좌석이 있습니다.

3. 但是 dànshì [접속사] '그러나', '그렇지만'

앞의 내용과 상반되거나 전환관계를 나타낼 때 쓴다. '可是' kěshì, '不过' búguò' 역시 '그러나'의 의미로 전환관계를 나타낸다.

A: 现在可以用笔记本电脑吗?

Xiànzài kěyǐ yòng bǐjìběndiànnǎo ma?

지금 노트북 컴퓨터를 사용해도 됩니까?

B: 可以，但是飞机会颠簸。请小心。

Kěyǐ, dànshì fēijī huì diānbǒ. Qǐng xiǎoxīn.

네, 그러나 비행기가 흔들릴 수 있으니 조심하십시오.

4. 기내 화장실 관련 단어

马桶 mǎtǒng 양변기

卫生纸 wèishēngzhǐ (화장실) 휴지

冲水按钮 chōngshuǐànniǔ 물 내림 버튼

8. 비상구 좌석

8. 비상구 좌석緊急出口座位 jǐn jí chū kǒu zuò wei

您好?
Nínhǎo?

안녕하십니까?

您的座位是緊急出口座位。
Nín de zuòwèi shì jǐnjíchūkǒu zuòwèi.

손님이 앉아 계신 좌석은 비상구 좌석입니다.

緊急出口座位前面不能放任何物品。
Jǐnjíchūkǒu zuòwèi qiánmiàn bùnéng fàng rènhé wùpǐn.

비상구 좌석 앞쪽은 아무것도 놓으실 수 없습니다.

还有, 请阅读前面座椅口袋里的告示。
Háiyǒu, qǐng yuèdú qiánmiàn zuòyǐ kǒudài lǐ de gàoshi.

그리고 앞 좌석 주머니 안쪽에 안내문이 있으니 읽어주시기 바랍니다.

如有疑问请告诉我。
Rú yǒu yíwèn qǐng gàosu wǒ.

궁금한 점이 있으시면 저를 불러 주시기 바랍니다.

谢谢。
Xiè xie

감사합니다.

학습단어

비상구 緊急出口 jǐnjíchūkǒu, 좌석 座位 zuòwèi, 놓다 放 fàng, 물품 物品 wùpǐn,
그리고 还有 háiyǒu, 만약 如(果) rú(guǒ), 감사합니다 谢谢 xiè xie

8. 비상구 좌석紧急出口座位 jǐn jí chū kǒu zuò wei

1. 비상구 좌석안내 주요 단어

紧急出口 jǐnjíchūkǒu 비상구

物品 wùpǐn 물품

告示 gàoshi 안내문, 게시물

疑问 yíwèn 의문

2. 如果 rúguǒ [접속사] 만약

'만약, 만일'이라는 의미로 가정을 나타내며, 문두 혹은 주어 뒤에 놓일 수 있다.

如果明天下大雪，飞机会延误。
Rúguǒ míngtiān xià dàxuě, fēijī huì yánwù.
만약 내일 눈이 많이 내리면 비행기가 연착될 수 있어요.

如果大家没有意见，就这样决定吧。
Rúguǒ dàjiā méiyǒu yìjiàn, jiù zhèyàng juédìng ba.
만약 모두 의견이 없다면 이렇게 결정하겠습니다.

참고 如果……的话 rúguǒ…de huà 만약 ~한다면
'的话' de huà는 '如果' rúguǒ를 쓰는 절의 가장 뒤에 놓여 가정 조건을 나타낸다.

如果这些物品放在通道的话，不能起飞。
Rúguǒ zhèxiē wùpǐn fàngzài tōngdào de huà, bùnéng qǐfēi.
만약 이 물품들을 통로에 놓는다면 이륙할 수 없습니다.

3. 谢谢 xièxie 감사합니다.

谢谢您的合作。
Xièxie nín de hézuò.
[협조해주셔서 감사합니다.]

谢谢你们的帮助。
Xièxie nǐmen de bāngzhù.
[당신들의 도움에 감사드립니다.]

> **참고** 谢谢 xièxie 앞에는 '매우'의 의미를 나타내는 정도부사(很 hěn, 非常 fēicháng)를 쓸 수 없다.
>
> 很谢谢您。 ěn xièxie nín. (×)
>
> 很感谢您。 hěn gǎnxiè nín. (○)

9. 이룩안내

9. 이륙안내 起飞通知 qǐ fēi tōng zhī

我们的飞机马上就要起飞了，请系好安全带。

Wǒmen de fēijī mǎshàng jiùyào qǐfēi le. qǐng jì hǎo ānquándài. Qǐng jì hǎo ānquándài.

손님, 저희 비행기는 곧 이륙합니다. 안전벨트를 착용해 주시기 바랍니다.

请关闭所有电子设备。

Qǐng guānbì suǒyǒu diànzǐ shèbèi.

모든 전자기기는 꺼 주시기 바랍니다.

请将手机调整到飞行模式。

Qǐng jiāng shǒujī tiáozhěng dào fēixíng móshì.

핸드폰은 비행모드로 해 주시기 바랍니다.

-请打开遮光板。

Qǐng dǎkāi zhēguāngbǎn.

햇빛가리개는 열어 주세요.

请收起小桌板。

Qǐng shōuqǐ xiǎozhuōbǎn.

테이블은 접어 주세요.

-请收起座椅脚踏板。

Qǐng shōuqǐ zuòyǐ jiǎotàbǎn.

발받침대는 올려 주세요.

马上就要起飞了，请您坐好，不要随意走动。

Mǎshàng jiùyào qǐfēi le, qǐng nín zuò hǎo, bú yào suíyì zǒudòng.

곧 이룩하오니 이동 하실 수 없습니다.

학습단어

전자기기 电子设备 diàn zǐ shè bèi / 핸드폰 手机 shǒu jī

9. 이륙안내 起飞通知 qǐ fēi tōng zhī

1. 이륙안내(이륙 전 안전검사) 주요 단어

起飞 qǐfēi 이륙하다

安全带 ānquándài 안전벨트

遮光板 zhēguāngbǎn 햇빛가리개

小桌板 xiǎozhuōbǎn 테이블

脚踏板 jiǎotàbǎn 발받침대

靠背 kàobèi 의자 등받이

2. 要……了 yào~le '곧 ~하려고 하다'

상황이 곧 변화하거나 새로운 상황이 발생하려고 함을 나타낸다. '就' jiù 혹은 '快' kuài를 앞에 붙여 시간의 촉박함을 나타낼 수 있다.

飞机马上就要起飞了。
Fēijī mǎshang jiùyào qǐfēi le.
비행기가 곧 이륙하겠습니다.

我们的飞机快要着陆了。
Wǒmen de fēijī kuàiyào zhuólù le.
우리 비행기는 곧 착륙하겠습니다.

3. 要 yào [동사] '~해야 한다', '마땅히'

당위를 나타내며 부정은 일반적으로 '不要 búyào ~하지마라', '不用 búyòng ~할 필요 없다', '不必 búbì ~할 필요가 없다 / ~하지마라' 를 사용한다.

请不要离开座位。
Qǐng búyào líkāi zuòwèi.
> 좌석을 벗어나지(이탈하지) 마십시오.

不用关闭手机的电源。
Búyòng guānbì shǒujī de diànyuán.
> 휴대폰 전원을 끄지 않아도 됩니다(끌 필요가 없습니다).

참고 要 yào는 조동사 '~할 것이다' 혹은 동사 '원하다'의 의미로도 많이 쓰인다.

我要去洗手间。
Wǒ yào qù xǐshǒujiān.
> 화장실을 가려고 합니다.

我要一个毛毯。
Wǒ yào yí ge máotǎn.
> 담요를 원합니다.

10. 음료서비스

10. 음료서비스饮料服务 yǐn liào fú wù

我们准备了水, 橙汁, 苹果汁, 可乐, 咖啡还有茶。
Wǒmen zhǔnbèi le shuǐ, chéngzhī, píngguǒzhī, kělè, kāfēi háiyǒu chá.

손님 저희는 물, 오렌지 주스, 사과 주스, 콜라, 커피, 차가 준비되어 있습니다.

您想喝什么饮料?
Nín xiǎng hē shénme yǐnliào?

어떤 음료 하시겠습니까?

请给我咖啡。
Qǐng gěi wǒ kā fēi.

커피주세요.

需要加糖和奶吗?
Xūyào jiā táng hé nǎi ma?

설탕 프림 필요하십니까?

请给我糖。
Qǐng gěi wǒ táng.

설탕만 주세요.

很烫, 请小心。
Hěn tàng, qǐng xiǎo xīn.

네, 손님 뜨거우니 조심하십시오.

학습단어

복숭아주스 桃汁 táo zhī 포도 주스 葡萄汁 pú tao zhī 토마토 주스 西红柿汁 xī hóng shì zhī
스프라이트 雪碧 xuě bì 레드와인 红葡萄酒 hóng pú tao jiǔ
화이트와인 白葡萄酒 bái pú tao jiǔ 맥주 啤酒 pí jiǔ

학습 정리 10. 음료서비스饮料服务 yǐn liào fú wù

1. 果汁 guǒzhī [명사] 과일주스, 과즙음료

'汁 zhī'은 '즙'이란 뜻으로 각종 과일 이름과 함께 사용하여 과일주
스를 나타낼 수 있다.

橙汁 chéngzhī 오렌지주스

苹果汁 píngguǒzhī 사과주스

桃汁 táozhī 복숭아주스

葡萄汁 pútáozhī 포도주스

西红柿汁 xīhóngshìzhī 토마토주스

芦荟汁 lúhuìzhī 알로에주스

2. 炭酸饮料 tànsuānyǐnliào [명사] 탄산음료

雪碧 xuěbì 스프라이트

气水 qìshuǐ 사이다

可乐 kělè 콜라

3. 酒类 jiǔlèi [명사] 주류

红葡萄酒 hóngpútáojiǔ 레드와인

白葡萄酒 báipútáojiǔ 화이트와인

啤酒 píjiǔ 맥주

威士忌 wēishìjì 위스키

4. 什么 shénme [의문대사] '무슨', '어떤'

什么 shénme와 같은 의문대사 의문문에는 의문문을 만들어 주는
'吗 ma'를 쓰면 안 된다.

您需要什么饮料?
Nín xūyào shénme yǐnliào?
어떤 음료 하시겠습니까?

您要看什么报纸?
Nín yào kàn shénme bàozhǐ?
무슨 신문 보시겠습니까?

11. 식사 서비스

11. 식사 서비스 餐饮服务 cān yǐn fú wù

乘客您好，我们将为您准备餐食。
Chéngkè nínhǎo , wǒmen jiāng wèi nín zhǔnbèi cānshí.
손님, 식사 준비해 드리겠습니다.

今天是鸡肉盖饭和炸鱼盖饭。
Jīntiān shì jīròugàifàn hé zháyúgàifàn.
오늘은 닭고기 덮밥과 생선튀김 밥입니다.

今天准备了牛肉盖饭和中国式面条。
Jīntiān zhǔnbèi le niúròugàifàn hé zhōngguóshìmiàntiáo.
오늘은 소고기 덮밥과 중국식 면이 준비되어 있습니다.

您想要哪个?
Nín xiǎng yào nǎ gè?
어느 것으로 하시겠습니까?

在这里。有点热，请小心。
Zài zhèlǐ. Yǒudiǎn rè, qǐng xiǎoxīn.
여기 있습니다. 뜨겁습니다. 조심하십시오.

请慢用。
Qǐng màn yòng.
맛있게 드세요.

학습단어

밥 米饭 mǐ fàn / 면 面条 miàn tiáo / 빵 面包 miàn bāo / 죽 粥 zhōu
닭고기 鸡肉 jī ròu / 소고기 牛肉 niú ròu / 돼지고기 猪肉 zhū ròu
채식 素食 sù shí / 아동식 儿童餐 ér tóng cān/ 유아식 / 婴儿餐 yīng ér cān

학습
정리 11. 식사 서비스餐饮服务 cān yǐn fú wù

1. 식사종류

米饭 mǐfàn 밥, 쌀밥

盖饭 gàifàn 덮밥

面条 miàntiáo 면

面包 miànbāo 빵

粥 zhōu 죽

2. 肉 ròu [명사] 고기

鸡肉 jīròu 닭고기

牛肉 niúròu 소고기

猪肉 zhūròu 돼지고기

참고 鱼 yú 생선

3. 특별 기내식(特殊餐食 tèshūcānshí) 종류

素食 sùshí 채식

水果餐 shuǐguǒ cān 과일식사

印度餐食 yìndù cānshí 힌두밀

婴儿餐 yīngér cān 유아식

儿童餐 értóngcān 아동식

4. 和 hé [접속사] '~와', '~과'

명사, 명사성 구, 대명사 등을 연결한다. 두 개 이상의 단어를 연결할
경우에는 마지막 단어 앞에 和 hé를 넣는다.

我们有鸡肉盖饭和牛肉面条。
Wǒmen yǒu jīròu gàifàn hé niúròu miàntiáo.
닭고기 덮밥과 소고기 면이 있습니다.

我们有橙汁苹果汁和葡萄汁。
Wǒmen yǒu chéngzhī、píngguǒzhī hé pútáozhī.
오렌지주스, 사과주스 그리고 포도주스가 있습니다.

12. 면세물품

12. 면세물품免稅品 miǎn shuì pǐn

各位旅客，现在开始销售免税品。
Gè wèi lǚkè, xiànzài kāishǐ xiāoshòu miǎnshuìpǐn.
> 손님 여러분 지금부터 면세품 판매를 시작하겠습니다.

想要购买的话请告诉我。
Xiǎng yào gòumǎi de huà qǐng gàosù wǒ.
> 구입을 원하시면 말씀하세요.

座位口袋里有商品目录。
Zuòwèi kǒudài lǐ yǒu shāngpǐn mùlù.
> 상품 카달로그는 좌석 주머니 안에 준비되어 있습니다.

美元/韩币/人民币，银行卡都可以使用。
Měiyuán /hánbì/rénmínbì, yínhángkǎ dōu kěyǐ shǐyòng.
> 달러/ 원화 / 카드 모두 사용 가능합니다.

您想用什么结算?
Nín xiǎng yòng shénme jiésuàn?
> 결제는 어떤 것으로 하시겠습니까?

给您找钱。谢谢。
Gěi nín zhǎoqián. xièxie.
> 거스름돈 드리겠습니다. 감사합니다.

학습단어

담배 烟 yān / 술 酒 jiǔ / 향수 香水 xiāng shuǐ / 립스틱 口红 kǒu hóng
돈 钱 qián : 달러 美元 měi yuán 위안화 人民币 rén mín bì / 원화 韩币 hán bì
영수증 发票 fā piào 있다 / 없다 有/没有 yǒu / méi yǒu
승객께 이미 드렸다. 已经给顾客了 yǐ jīng gěi gù kè le

1. 기내 주요 면세품

香烟 xiāngyān 담배

양사) 담배 한 갑: 一 包(盒) 香烟 yì bāo(hé) xiāngyān

담배 한 보루: 一 条 香烟 yì tiáoxiāngyān

酒 jiǔ 술

양사) 술 한 병: 一 瓶 酒 yì píngjiǔ

化妆品 huàzhuāngpǐn 화장품

口红 kǒuhóng 립스틱, 精华素 jīnghuásù 에센스

香水 xiāngshuǐ 향수

2. 화폐 종류

美元 měiyuán 미국달러

韩元 hányuán 원화

人民币 rénmínbì 인민폐

欧元 ōuyuán 유로

日元 rìyuán 일본엔화

참고 현금 现金 xiànjīn

신용카드 信用卡 xìnyòngkǎ

영수증 发票 fāpiào

3. ~的话 ~de huà '~한다면, ~이면' 가정을 나타낸다.

A: 我要买一瓶酒，但是没有现金。

Wǒ yào mǎi yì píng jiǔ, dànshì méiyǒu xiànjīn.

〔 술 한 병을 사려고 합니다만 현금이 없네요. 〕

B: 没关系。没有现金的话可以用信用卡。

Méiguānxi. Méiyǒu xiànjīn de huà kěyǐ yòng xìnyòngkǎ.

〔 괜찮습니다. 현금이 없으시면 카드 사용이 가능합니다. 〕

13. 비자/입국신고서

13. 비자/입국신고서签证/入境卡 qiān zhèng/rù jìng kǎ

是入境卡。
Shì rù jìng kǎ.
입국신고서입니다.

是中国人还是韩国人?
Shì Zhōngguórén háishì Hánguórén?
중국인입니까 한국인입니까?

是个人签证吗?/ 是团体签证吗?
Shì gèrén qiānzhèng ma?/ Shì tuántǐ qiānzhèng ma?
개인비자입니까?/ 단체 비자입니까?

一起给您报关单。
Yìqǐ gěi nín bàoguāndān.
세관신고서 같이 드리겠습니다.

都得写。
Dōu děi xiě.
모두 작성하셔야 합니다.

我帮您写。请给我护照。
Wǒ bāng nín xiě. Qǐng gěi wǒ hùzhào.
제가 작성을 도와드리겠습니다. 여권 주시겠습니까?

在这里。
Zài zhèlǐ.

손님 여기 있습니다.

谢谢。
Xièxie.

감사합니다.

外国人入境卡
ARRIVAL CARD

For Immigration clearance
For Immigration clearance

① 姓
Family name

② 名
Given names

③ 国籍
Nationality

④护照号码
Passport No.

⑤在华住址
Intended Address in China

⑥ 男
Male

女
Female

⑦出生日期
Date of birth

年year 月month 日day

⑨签证号码
Nationality

⑩会议/商务
Conference/Business

⑪访问
Visit

⑫观光 /休闲
Sightseeing/
In leisure

⑬ 签证发放地
Place of Visa Issuance

⑭ 探亲访友
Visiting fridnds
or relatices

⑮职业
Employment

⑯学习
Study

⑰航班号/ 航名/车次
Flight No./Ship's name/Train No.

⑱ 返回常住地
Return home

⑲ 定居
Settle down

⑳ 其他
others

㉑ 以上申明真实准确
I hereby declare that statement given above is true and accurate.

㉒ 签名 Signature

학습단어

개인비자 个人签证 gè rén qiān zhèng / 단체비자 团体签 证tuán tǐ qiān zhèng
여권 护照 hù zhào

13. 비자/입국신고서签证/入境卡

1. 서류 서비스 주요 단어

护照 hùzhào 여권

入境卡 rùjìngkǎ 입국카드

海关申报单 hǎiguān shēnbàodān 세관신고서

(报关单 bàoguāndān)

签证 qiānzhèng 비자

个人签证 gèrén qiānzhèng 개인비자

团体签证 tuántǐ qiānzhèng 단체비자

2. 还是 háishi [접속사] 또는

두 가지 선택을 연결하여 의문문을 만드는 역할을 한다. 还是 háishi 이 쓰인 선택의문문에서는 의문문을 만들어 주는 어기조사 '吗' ma 를 쓰면 안 된다.

你是个人签证还是团体签证?
Nǐ shì gèrén qiānzhèng háishi tuántǐ qiānzhèng?
개인비자이십니까 아니면 단체 비자이십니까?

请问, 您要面条还是米饭?
Qǐngwèn, nín yào miàntiáo háishi mǐfàn?
실례합니다, 면을 원하십니까 아니면 밥을 원하십니까?

3. 得 [동사] (마땅히) …해야 한다

구어에서 주로 쓰이며, 부정은 일반적으로 不用 búyòng을 사용한다.

不得 bùděi (×)

A: 我得写入境卡吗?

   Wǒ děi xiě rùjìngkǎ ma?

   입국카드를 작성해야만 하나요?

B: 您要转机的话, 不用写入境卡。

   Nín yào zhuǎnjī de huà, búyòng xiě rùjìngkǎ.

   만약 환승하신다면, 입국카드를 작성하지 않아도 됩니다.

14. 비행 중 사무장 보고

14. 비행 중 사무장 보고 飞行途中 乘务长报告

fēixíng túzhōng chéngwùzhǎng bàogào

乘务长, 55D小孩子发烧。

Chéngwùzhǎng, 55D xiǎoháizi fāshāo.

사무장님, 55D 어린이가 열이 많이 난다고 합니다.

小朋友妈妈申请机内退烧药。

Xiǎopéngyǒu māma shēnqǐng jīnèi tuìshāoyào.

기내 해열제를 어린이 어머님께서 요청하십니다.

我来测一下体温。

Wǒ lái cè yí xià tǐwēn.

체온을 확인해 보겠습니다.

通过广播查找一下有没有机内医生。

Tōngguò guǎngbō cházhǎo yíxià yǒuméiyǒu jīnèiyīshēng.

방송으로 기내 의사가 계신지 찾아보도록 하겠습니다.

向其他乘务员通报客人的情况, 并密切关注。

Xiàng qítā chéngwùyuán tōngbào kèrén de qíngkuàng, bìng mìqiè guānzhù.

다른 승무원들에게도 손님의 상황을 알리고, 주의깊게 관찰하도록 하겠습니다.

乘务长, 36A客人因为飞机餐问题在抱怨。

Chéngwùzhǎng, 36A kèrén yīnwèi fēijīcān wèntí zài bàoyuàn.

사무장님, 36A 손님이 기내식 문제로 컴플레인을 하셨습니다.

他是一位素食主义者, 他的素食餐还没准备好。

Tā shì yíwèi sùshízhǔyìzhě, tāde sùshícān hái méi zhǔnbèi hǎo.

베지테리안인데 요청한 기내식이 준비되지 않았습니다.

餐饮确认时没有素食餐。

Cānyǐn quèrèn shí méiyǒu sùshícān.

케이터링 확인 시에는 베지테리안 요청이 없었습니다.

好像有失误。

Hǎoxiàng yǒu shīwù.

착오가 있었던 것 같습니다.

先郑重地道歉。

Xiān zhèngzhòng de dàoqiàn.

먼저 정중히 사과를 드리고.

从乘务员餐里单独准备素食餐。

Cóng chéngwùyuán cān lǐ dāndú zhǔnbèi sùshícān.

승무원식에서 베지테리안 식으로 따로 준비해 드렸습니다.

但是他想和乘务长谈谈。

Dànshì tā xiǎng hé chéngwùzhǎng tántan.

그러나 승객께서 사무장님과 이야기하고 싶어 하십니다.

拜托了。

Bài tuō le.

부탁드립니다.

학습단어

아픈 승객 生病的乘客 shēng bìng de chéng kè / 호흡곤란 呼吸困难 hū xī kùn nán /
해열제 退烧药 tuì shāo yào / 멀미 头晕 tóu yūn / 귀가 아픈 승객 耳朵疼的乘客
ěr duō téng de chéng kè / 식중독 食物中毒 shí wù zhòng dú

14. 비행 중 사무장 보고 飞行途中 乘务长报告

1. 一下 yíxià [양사] 시험 삼아 해보다, 한번~해보다

양사로 사용될 경우, 동사 뒤에 놓여 '한번~해보다'라는 의미를 나타
낸다.

请看一下。
Qǐng kàn yíxià.
> 한번 보세요.

请您检查一下机上设备。
Qǐng nín jiǎnchá yíxià jī shang shèbèi.
> 기내 설비를 검사해 주세요.

2. ……时 shí ／ ……的时候 deshíhou

'~할 때에'의 의미로 어떠한 동작이 발생하는 시점을 표현할 때 사용
한다.

提供餐饮时，首先确认一下有没有特殊餐。
Tígōng cānyǐnshí, shǒuxiān quèrèn yíxià yǒuméiyǒu tèshūcān.
> 식사와 음료를 제공할 때에는 먼저 특별 기내식이 있는지 먼저 확인하세요.

飞机颠簸时，请不要离开自己的座位。
Fēijī diānbǒ shí, qǐng búyào líkāi zìjǐ de zuòwèi.
> 비행기가 흔들릴 때에는 본인 좌석에서 벗어나지 마십시오.

3. 특수상황(아픈 승객 生病的乘客 shēng bìng de chéng kè) 관련 주요 단어

呼吸困难 hūxī kùnnán 호흡곤란

发烧 fāshāo 발열 (退烧药 tuìshāo yào 해열제)

头晕 tóuyūn 멀미

耳朵疼的乘客 ěrduō téng de chéng kè 귀가 아픈 승객

食物中毒 shíwù zhòngdú 식중독

15. 비행기 하강

15. 비행기 하강 飞机下降 fēijī xiàjiàng

飞机开始下降。请系好安全带。
Fēijī kāishǐ xiàjiàng. Qǐng jì hǎo ānquándài.

손님 비행기가 하강을 시작합니다. 안전벨트를 착용해주시기 바랍니다.

请打开遮光板，请收起小桌板。
Qǐng dǎkāi zhēguāngbǎn, qǐng shōuqǐ xiǎozhuōbǎn.

햇빛 가리개를 열어주시고, 테이블을 접어 주시기 바랍니다.

请收起脚踏板。
Qǐng shōuqǐ jiǎotàbǎn.

발받침대도 올려주시기 바랍니다.

现在已经不能使用洗手间了。
Xiànzài yǐjīng bùnéng shǐyòng xǐshǒujiān le.

지금은 화장실 사용이 중지되었습니다.

如遇紧急情况，请尽快使用.飞机马上就要着陆了。
Rú yù jǐnjíqíngkuàng, qǐng jìnkuài shǐyòng. Fēijī mǎshàng jiùyào zhuólù le.

급하시면, 최대한 빨리 사용해 주십시오. 곧 착륙합니다.

现在不提供咖啡了。不好意思。
Xiànzài bù tígōng kāfēi le. Bù hǎo yì si.

지금은 커피를 드릴 수 없습니다. 죄송합니다.

학습단어

하강 下降 xià jiàng / 중지 中止；中断 zhōng zhǐ ；zhōng duàn / 착륙 着陆 zhuólù

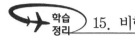 학습정리 15. 비행기 하강 飞机下降 fēijī xiàjiàng

1. 能 néng [조동사] ~할 수 있다.

능력을 강조하며, 허가의 의미를 나타낼 수도 있다.
또한 能 néng 의 부정은 상황에 따라 '不' bù, '没' méi (이미 발생한 사건) 모두 가능하다.

飞机上不能抽烟。
Fēijīshang bùnéng chōuyān.
> 기내에서는 담배를 피울 수 없습니다.

我不能吃猪肉。
Wǒ bùnéng chī zhūròu.
> 저는 돼지고기를 못 먹습니다.

2. 打开 dǎ kāi [동사] 열다. 펼치다.

收起 shōuqǐ [동사] 걷어 올리다.

请打开乘务员手册。
Qǐng dǎ kāi chéngwùyuán shǒucè.
> 승무원 매뉴얼을 펴세요.

请不要打开窗户。
Qǐng bú yào dǎkāi chuānghu.
> 창문을 열지 마세요.

请收起座椅靠背。
Qǐng shōuqǐ zuòyǐ kàobèi.
> 등받이를 올려주세요.

3. 조사 了 le

了 le 의 쓰임은 크게 '동태조사'와 '어기조사'로 나눌 수 있다.
'동태조사 了'는 일반적으로 동사 뒤에 붙어서 동작의 변화나 상태를
나타내고, '어기조사 了'는 일반적으로 문장 끝에 놓여 상황이 변화
되었음을 나타낸다.

他买了一瓶酒。
Tā mǎi le yì píng jiǔ.
그는 술 한 병을 샀습니다. (동태조사)

那位乘客的头晕已经好了。
Nà wèi chéngkè de tóuyūn yǐjing hǎo le.
그 승객의 멀미는 이미 괜찮아졌습니다. (어기조사)

16. 착륙

16. 착륙着陆 zhuó lù

不能从座位上站起来。
Bùnéng cóng zuòwei shàng zhànqǐlái.

일어나시면 안 됩니다.

飞机还在滑行过程中。
Fēijī hái zài huáxíng guòchéng zhōng.

아직 비행기가 이동 중입니다.

请坐下。
Qǐng zuò xià.

자리에 앉아주세요.

不要打开行李架。
Búyào dǎkāi xínglǐjià.

선반 (오버헤드빈)을 열지 마세요.

请等到飞机完全停稳。
Qǐng děng dào fēijī wánquán tíngwěn.

비행기가 멈출 때까지 기다려 주시기 바랍니다.

谢谢。
Xiè xie.

감사합니다.

학습단어

~부터 从 cóng / 여전히 还 hái / 열다 打开 dǎkāi / 오버헤드빈 行李架 xínglǐjià /
~하고 있는 중이다(진행) 在 zài

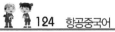
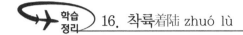 16. 착륙着陆 zhuó lù

1. 개사 从 cóng ~부터

从 cóng이 개사로 쓰이는 경우 장소 혹은 시간의 출발점을 나타내며, 도착점을 나타내는 到 dào와 함께 쓰이는 경우가 많다.

从10点开始吧。
Cóng shí diǎn kāishǐ ba.
> 10시부터 시작합시다.

本次航班是从仁川到北京的航班。
Běn cì hángbān shì cóng Rénchuān dào Běijīng de hángbān.
> 이 항공기는 인천에서 베이징까지 가는 항편입니다.

2. 방향보어 起来 qǐlái

방향보어는 술어(동사, 형용사) 뒤에 놓여 동작의 방향 및 다양한 의미(시작, 예측, 회상 등)를 나타내는데, 본문에서의 '起来 qǐlái'는 '아래에서 위'로 향하는 '방향'의 의미를 나타낸다.

请站起来。
Qǐng zhàn qǐlái.
> 일어나세요.(방향)

看起来他身体不舒服。
Kànqǐlái tā shēntǐ bù shūfu.(예측)
> 보아하니 그는 몸이 좋지 않은 것 같아요.

3. 在 zài [부사] 지금 ~하고 있는 중이다.

在 zài가 동사 앞에 놓여 부사로 쓰이는 경우 동작의 진행을 나타내며, 문장 끝에 呢 ne를 붙이기도 한다. 在 zài 외에 '正在 zhèngzài', '正 zhèng' 역시 진행을 나타낸다.

我在等他呢。
Wǒ zài děng tā ne.

저는 그를 기다리고 있습니다.

他正在做什么?
Tā zhèngzài zuò shénme?

그는 무엇을 하고 있나요?

17. 환송

17. 환송欢送 huān sòng

谢谢。
Xiè xie.
감사합니다.

祝您旅途愉快。
Zhù nín lǚtú yúkuài.
즐거운 여행 되시길 바랍니다.

您慢走！
Nín màn zǒu.
안녕히 가세요！

欢迎您下次再次乘坐我们航空公司的飞机。
Huānyíng nín xiàcì zàicì chéngzuò wǒmen hángkōnggōngsī de fēijī.
다음 여행에도 저희 항공사를 이용해 주시기 바랍니다.

请再次确认一下有没有遗忘的东西.
Qǐng zàicì quèrèn yíxià yǒuméiyǒu yíwàng de dōngxi.
잊으신 물건이 없는지 다시 한번 확인해 주세요.

毯子不能带走。
Tǎnzi bùnéng dài zǒu.
손님 담요는 가져가실 수 없습니다.

다음번 下次 xiàcì / (탈것에) 타다 乘坐 chéngzuò / 회사 公司 gōngsī / 확인(하다)
确认 quèrèn / 가지고 가다 带走 dài zǒu

17. 환송欢送 huān sòng

1. 次 cì [양사] 번. 횟수

次 cì는 일반적으로 '~번'이라고 해석하며 동작의 횟수를 강조하는
데 쓰인다.

请再次确认一下。
Qǐng zàicì quèrèn yíxià.
다시 한 번 확인해 주세요.

北京我去过三次。
Běijīng wǒ qù guo sāncì.
베이징에 나는 세 번 가보았습니다.

참고 遍 biàn [양사] 번. 횟수

遍 biàn 역시 '번, 횟수'의 의미로 사용된다. 단, '次'와 다른 점은 '次'는
단순히 동작의 횟수를 강조한다면, '遍'은 동작이 시작되어 끝까지 완성
되는 전체 과정을 강조한다.

这部电影我看过三遍。
Zhè bù diànyǐng wǒ kàn guo sān biàn.
이 영화를 나는 세 번(처음부터 끝까지) 보았다.

중국어의 일반 의문문은 문장 끝에 '吗 ma'를 붙여 만들지만, 정반
의문문은 '吗'를 붙이지 않고 긍정형식과 부정형식을 사용하여 의문
문을 만든다.

2. 走 zǒu 가다. 걷다.

一直往后边走。
Yìzhí wǎng hòubian zǒu.

뒤 쪽으로 곧바로 가세요.

他已经走了。
Tā yǐjīng zǒu le.

그는 이미 갔어요.

참고 去 qù 가다.

去 qù와 走 zǒu 모두 '가다'라는 의미를 갖고 있으나 쓰임에 차이가 있다. 去는 일반적으로 목적지가 분명히 있을 때 사용하며, 走는 특정 장소에서 벗어나는 의미로 많이 사용된다. 따라서 去 대신 走를 사용할 수 없다.

明天我去中国。
Míngtiān wǒ qù Zhōngguó.

내일 저는 중국에 갑니다.

再见! 我先走了。
Zàijiàn! wǒ xiān zǒu le.

또 봐요! 저 먼저 갈게요.

18. 분실물 발견

18. 분실물 발견发现失物 fāxiàn shīwù

乘务长, 26A的座位上发现了手机。
Chéngwùzhǎng, 26A de zuòwei shàng fāxiàn le shǒujī.
> 사무장님 26A 좌석에서 휴대폰을 발견했습니다.

行李架上发现了小包。
Xínglǐjià shàng fāxiàn le xiǎobāo.
> 선반(오버헤드빈)에 작은 가방이 발견되었습니다.

乘务长, 发现了护照。
Chéngwùzhǎng, fāxiàn le hùzhào.
> 사무장님 여권을 발견했습니다.

乘务长, 已确认失物。什么也没发现。
Chéngwùzhǎng, yǐ quèrèn shīwù. Shénme yě méi fāxiàn.
> 사무장님 분실물 확인 마쳤습니다. 아무것도 발견되지 않았습니다.

학습단어

휴대폰 手机 shǒu jī. 노트북 笔记本电脑 bǐjìběn diànnǎo, 여권 护照 hù zhào,
지갑 钱包. qián bāo

18. 분실물 발견发现失物 fāxiàn shīwù

1. 기내 유실물 주요 단어

手机 shǒujī 휴대폰

笔记本电脑 bǐjìběn diànnǎo 노트북 컴퓨터

护照 hùzhào 여권

钱包 qiánbāo 지갑

2. 什么 shénme [대명사] 무엇. 어떤.

'什么 shénme'는 무엇이라는 의미를 가진 대표적인 의문대명사로,
의문대명사가 있는 의문문에는 문장 끝에 '吗 ma'를 쓰면 안 된다.

A: 请问，您想看什么报纸?
　　Qǐngwèn, nín xiǎng kàn shénme bàozhǐ?
　　실례합니다, 어떤 신문 보시겠습니까?

B: 你们有什么报纸?
　　Nǐmen yǒu shénme bàozhǐ?
　　어떤 신문이 있나요?

참고 기타 주요 의문대명사

什么时候
shénmeshíhou
언제.

这次航班什么时候出发?

Zhè cì hángbān shénmeshíhou chūfā?

이 항편은 언제 출발하나요?

怎么

zěnme

어떻게. 왜.

去仁川国际机场怎么走?

Qù Rénchuān guójì jīchǎng zěnme zǒu?

인천 국제 공항에 어떻게 가나요?

他怎么不来?

Tā zěnme bù lái?

그는 왜 안 오나요?

为什么

wèishénme

왜

为什么现在不可以使用洗手间?

Wèishénme xiànzài bùkěyǐ shǐyòng xǐshǒujiān?

지금 왜 화장실 사용을 할 수 없나요?

19. 사무장/동료 인사

19. 사무장/동료 인사乘务长、同事 问候
chéngwùzhǎng、tóng shì   wèn hòu

乘务长，检查完毕。
Chéngwùzhǎng, jiǎnchá wánbì.
사무장님 모든 점검을 마쳤습니다.

乘务长，餐饮已经确认完成。
Chéngwùzhǎng, cānyǐn yǐjīng quèrèn wánchéng.
사무장님 케이터링 확인을 마쳤습니다.

乘务长，请签名。
Chéngwùzhǎng, qǐng qiānmíng.
사무장님 사인 부탁드립니다.

乘务长，今天也辛苦了。
Chéngwùzhǎng, jīntiān yě xīnkǔ le.
사무장님 오늘도 수고 많으셨습니다.

大家辛苦了。
Dàjiā xīnkǔ le.
모두 수고 많으셨습니다.

谢谢。
Xiè xie.
감사합니다.

下次飞行再见。
Xiàcì fēixíng zàijiàn.

다음 비행에서 뵙겠습니다.

학습단어

이미, 벌써 已经 yǐjīng / 서명하다 签名 qiānmíng / 고생(수고)하다 辛苦 xīnkǔ

19. 사무장/동료 인사乘务长、同事 问候

---

1. 已经 yǐjing [부사] 이미

已经 yǐjing은 일반적으로 동작이 이미 이루어졌을 때 사용되므로,
상황의 완료를 나타내는 了 le와 함께 쓰이는 경우가 많다.

飞机已经到达机场了。
Fēijī yǐjing dàodá jīchǎng le.
> 비행기가 이미 공항에 도착하였습니다.

机上紧急设备已经检查好了。
Jīshang jǐnjí shèbèi yǐjing jiǎnchá hǎole.
> 기내 비상설비 이미 검사 완료하였습니다.

2. 헤어질 때 인사표현

再见!
Zàijiàn!
> 또 뵙겠습니다. 안녕히 가세요.

辛苦了!
Xīnkǔle!
> 수고하셨습니다.

一路平安。
Yí lù píngān.
> 편안한 길 되세요.

请慢走。

Qǐng màn zǒu.

조심히 가세요.

祝您旅途愉快。

Zhù nín lǚtú yúkuài.

좋은 여행 되시기를 기원합니다.

希望再次见面。

Xīwàng zàicì jiànmiàn.

다시 뵙기를 희망합니다.

20. 방송문

20. 방송문

[WELCOME]

各位乘客，我代表本次航班机长＿先生以及机组全体人员欢迎您乘坐星空联盟的韩亚航空公司OZ＿次航班(以及中国东方/南方/国际航空公司MU/CZ/CA＿次航班)前往＿.我是本次航班的中国国籍乘务员＿＿，很荣幸随时为您提供中文服务。(两名以上：同时与我们同行的还有中国国籍乘务员＿＿，＿＿。我们很荣幸随时为您提供中文服务。)(延误：本次航班由于＿＿原因，延误起飞，对此耽误了您的行程，给您带来的诸多不便，请您谅解。)本次飞行时间预计为＿＿在飞行过程中，您有什么需要，请随时招呼乘务员，我们十分乐意为您提供及时周到的服务。稍后我们将为您播放机内安全演示(如有需要：为了客舱环境的舒适，我们将对照明系统进行调整，如果您有需要，请您打开头顶上方的读书灯)。请听从担任机内安全乘务员的指示。谢谢!祝您旅途愉快!

Gèwèi chéngkè, Wǒ dàibiǎo běncì hángbān jīzhǎng__xiānsheng yǐjí jīzǔ quántǐ rényuán huānyíng nín chéngzuò xīngkōngliánméng de HánYà hángkōng gōngsī OZ__cì hángbān (yǐjí zhōngguó dōngfāng /nánfāng /guójì hángkōng gōngsī MU/CZ/CA__cì hángbān)qiánwǎng__.Wǒshì běncì hángbān de zhōngguó guójí chéngwùyuán ___ , Hěnróngxìng suíshí wéinín tígōng zhōngwénfúwù。(Liǎngmíng yǐshàng : Tóngshí yǔ wǒmen tóngxíng de háiyǒu zhōngguó guójí chéngwùyuán___, ___.Wǒmen hěn róngxìng suíshí wèinín tígōng zhōngwén fúwù.) (Yánwù : běncì hángbān yóuyú ___yuányīn, yánwù qǐfēi, duì cǐ dānwù le nínde xíngchéng, Gěi nín dàiláide zhūduō búbiàn, qǐng nín liàngjiě.) Běncì fēixíng shíjiān yùjì wéi___.Zài fēixíng guòchéng zhōng, nín yǒu shénme xūyào, qǐng suíshí zhāohu chéngwùyuán, wǒmen shífēn lèyì wéi nín tígōng jíshí zhōudào de fúwù. Shāohòu wǒmen jiāng wéinín bōfàng jīnèi ānquán yǎnshì（Rú yǒu xū yào：wèi le kècāng huánjìng de shūshì, Wǒmen jiāng duì zhàomíngxìtǒng jìnxíng tiáozhěng, rúguǒ nín yǒu xūyào, qǐng nín dǎkāi tóudǐng shàngfāng de dúshūdēng）.Qǐng tīngcóng dānrèn jīnèi ānquán chéngwùyuán de zhǐshì.xiè xie! Zhù nín lǚtú yúkuài!

[TAKE-OFF]

各位乘客, 我们的飞机马上就要起飞了, 请再次确认您的安全带是否已经系好, 谢谢!

Gèwèi chéngkè, wǒmende fēijī mǎshàng jiùyào qǐfēi le, qǐng zàicì quèrèn nínde ānquándài shìfǒu yǐjīng jìhǎo.Xiè xie!

[DUTY-FREE SALES]

各位乘客, 我们现在为您提供免税商品的销售服务, 欢迎各位选购.各种商品均标有美元, 韩元, 日元, 欧元以及人民币价格。为了方便机上购物, 我们还接受国际信用卡, 如果您在网上预定了商品并已付款, 请您告知乘务员。我们将在降落前__分钟停止免税品的出售。

Gèwèi chéngkè, wǒmen xiànzài wèi nín tígōng miǎnshuì shāngpǐn de xiāoshòu fúwù, huānyíng gèwèi xuǎngòu. Gèzhǒng shāngpǐn jūn biāoyǒu měiyuán, hányuán, rìyuán, ōuyuán yǐjí rénmínbì jiàgé. Wèile fāngbiàn jīshàng gòuwù, wǒmen hái jiēshòu guójì xìnyòngkǎ, Rúguǒ nín zài wǎngshàng yùdìng le shāngpǐn bìng yǐfùkuǎn, qǐng nín gàozhī chéngwùyuán. Wǒmen jiāng zài jiàngluòqián___fènzhōng tíngzhǐ miǎnshuìpǐn de chūshòu.

[Bound-for Korea]

所有的酒类商品需将与收据一起放入指定的酒类商品销售袋出售.转乘去国际航线的乘客,请在免税品购买的申请单上填好"转乘"一项。

[Bound-for Korea]Suǒyǒu de jiǔlèi shāngpǐn xū jiāngyǔ shōujù yìqǐ fàngrù zhǐdìng de jiǔlèi shāngpǐn xiāoshòudài chūshòu.Zhuǎnchéng qù guójì hángxiàn de chéngkè, Qǐng zài miǎnshuìpǐn gòumǎi de shēnqǐngdān shàng tiánhǎo "zhuǎn chéng" yíxiàng.

[Bound-for other countries except Korea]

转乘去国际航线的乘客,请在免税品购买的申请单上填好"转乘"一项。如您在上次的航班上预订了商品，请告知乘务员。

[Bound-for other countries except Korea] Zhuǎnchéng qù guójì hángxiàn de chéngkè, qǐng zài miǎnshuìpǐn gòumǎi de shēnqǐngdān shàng tiánhǎo "zhuǎn chéng" yíxiàng.Rú nín zài shàngcì de hángbānshàng yùdìng le shāngpǐn, qǐng gàozhī chéngwùyuán.

机内还为中国乘客推荐了韩国知名品牌的商品，敬请您翻阅免税品杂志.并且您购买免税品可以用 10 元以上的 人民币结账，请您参考。谢谢。

Jīnèi hái wèi zhōngguó chéngkè tuījiàn le hánguó zhīmíng pǐnpái de shāngpǐn, Jìngqǐng nín fānyuè miǎnshuìpǐn zázhì.Bìngqiě nín gòumǎi miǎnshuìpǐn kěyǐ yòng 10 yuán yǐshàng de rénmínbì jiézhàng, Qǐng nín cān kǎo.xiè xie.

[DOCUMENTATION: KOREA]

各位乘客，现在请您填写韩国入境所需的各种表格. 持有韩国护照，团体签证，外国人登陆证和获得韩国永久居住权的乘客不需要填写入境卡，其他非韩国国籍乘客都需要填写入境卡。而海关申报单一家人填写一张就可以。根据韩国政府有关规定。旅客不能携带水果，肉类，以及畜牧类物品入境。

Gèwèi chéngkè, Xiànzài qǐngnín tiánxiě hánguó rùjìng suǒxūde gèzhǒng biǎogé. Chíyǒu hánguó hùzhào, tuántǐ qiānzhèng, wàiguórén dēnglùzhèng hé huòdé hánguó yǒngjiǔ jūzhùquán de chéngkè búxūyào tiánxiě rùjìngkǎ, qítā fēi hánguó guójí chéngkè dōu xūyào tiánxiě rùjìngkǎ.Er hǎiguān shēnbàodān yìjiārén tiánxiě yìzhāng jiùkěyǐ. Gēnjù hánguó zhèngfǔ yǒuguān guīdìng. Lǚkè bùnéng xiédài shuǐguǒ, ròulèi, yǐjí xùmùlèi wùpǐn rùjìng.

[如有需要：为防止疾病的传染，请您如实清楚的填写健康声明卡，如在旅行期间，有腹泻，恶心，发烧等症状请告知健康检疫官] 在海外期间，有从事畜牧业的乘客，请您填写海关申报单以及健康声明卡，并在提取行李后到检验办公室做再一次说明。[如有需要：在此我们提醒您，本次航班代码是__，到港时间为__月__日，如果您有什么疑问，请参看座椅前口袋里韩亚航空杂志第__页。谢谢。

[Rúyǒu xūyào ：wèi fángzhǐ jíbìng de chuánrǎn, qǐng nín rúshí qīngchǔ de tiánxiě jiànkāng shēngmíngkǎ, rú zài lǚxíng qījiān, yǒu fùxiè, ě xīn, fāshāo děng zhèngzhuàng qǐng gàozhī jiànkāng jiǎnyìguān] Zài hǎiwài qījiān, yǒu cóngshì xùmùyè de chéngkè, qǐng nín tiánxiě hǎiguān shēnbàodān yǐjí jiànkāng shēngmíngkǎ, bìng zài tíqǔ xínglǐ hòu dào jiǎnyàn bàngōngshì zuò zàiyícì shuōmíng.[Rú yǒu xūyào ：zài cǐ wǒmen tíxǐng nín, běncì hángbān dàimǎ shì __, dào gǎng shíjiān wéi __yuè __rì, rúguǒ nín yǒu shénme yíwèn, qǐng cānkàn zuòyǐ qián kǒudàilǐ hányà hángkōng zázhì dì __yè]. Xiè xie.

[10,000ft. SIGN ON]

各位乘客，稍后我们的飞机将抵达__机场。现在飞机已经开始下降，请您系好安全带，收起小桌板，调直座椅靠背（并把座椅下的脚踏板收起)，打开遮光板，B777/330/321:请把电脑遥控器放回原来的位置,)。请把手提物品以及手提电脑，放回行李架原来的地方或座椅下方。飞机下降过程中，卫生间已停止使用，谢谢您的合作。

Gèwèi chéngkè, shāohòu wǒmen de fēijī jiāng dǐdá___jīchǎng.Xiànzài fēijī yǐjīng kāishǐ xiàjiàng, qǐng nín jìhǎo ānquándài, shōuqǐ xiǎozhuōbǎn, tiáozhí zuòyǐ kàobèi (bìng bǎ zuòyǐxià de jiǎotàbǎn shōuqǐ), dǎ kāi zhē guāng bǎn, B777/330/321 :qǐng bǎ diànnǎo yáokòngqì fànghuí yuánláide wèizhi)。qǐng bǎ shǒutíwùpǐn yǐjí shǒutídiànnǎo, fànghuí xínglǐjià yuánlái de dìfāng huò zuòyǐ xiàfāng。Fēijī xiàjiàng guòchéngzhōng, wèishēngjiān yǐ tíngzhǐ shǐyòng, xièxie nínde hézuò.

[FAREWELL]

各位乘客，您是否与我们韩亚航空公司度过了一段愉快而舒适的旅行？飞机刚刚抵达__机场。中国与韩国的时差为一小时，现在是当地时间__分。(延误：本次航班由于____原因，延误到达，对此耽误了您的行程，给您带来的诸多不便，请您谅解。) 飞机还将继续滑行, 不要离开座位。再次提醒您, 在您下飞机时，请再一次检查一下座椅前口袋里及您座椅下方有没有您遗忘的物品，打开行李架时请小心，以免行李在飞行途中改变位置而滑落。我们韩亚航空公司将用最优质的服务为您提供愉快而舒适的旅行, 再次感谢您乘坐我们星空联盟的韩亚航空公司(以及代码共享的中国东方/南方/国际航空公司)的班机，希望下次旅途再会, 谢谢。

Gèwèi chéngkè, nín shìfǒu yǔ wǒmen Hányàhángkōng gōngsī dùguò le yíduàn yúkuài ér shūshì de lǚxíng? Fēijī gānggāng dǐdá____jī chǎng. Zhōngguó yǔ hánguó de shíchā wéi yìxiǎoshí, xiànzài shì dāngdìshí jiān __fēn. (yán wù ：běncì hángbān yóuyú ____yuányīn, yánwù dàodá, duìcǐ dānwù le nín de xíngchéng, gěi nín dàilái de zhūduō búbiàn, qǐng nín liàngjiě.) Fēijī hái jiāng jìxù huáxíng, búyào líkāi zuòwèi. Zài cì tíxǐng nín, zài nín xiàfēijī shí, qǐng zàiyícì jiǎnchá yíxià zuòyǐ qián kǒudàilǐ jí nín zuòyǐ xiàfāng yǒuméiyǒu nín yíwàng de wùpǐn, dǎkāi xínglǐjià shí qǐng xiǎoxīn, yǐmiǎn xínglǐ zài fēixíng túzhōng gǎibiàn wèizhi ér huáluò.wǒmen Hányàhángkōng gōngsī jiāng yòng zuì yōuzhì de fúwù wèi nín tígōng yúkuài ér shūshì de lǚxíng, zàicì gǎnxiè nín chéngzuò wǒmen Xīngkōngliánméng de Hányàhángkōng gōngsī (yǐjí dàimǎ gòngxiǎng de Zhōngguódōngfāng / nánfāng /guójì hángkōng gōngsī)de bānjī, xīwàng xiàcì lǚtú zàihuì, xièxie.

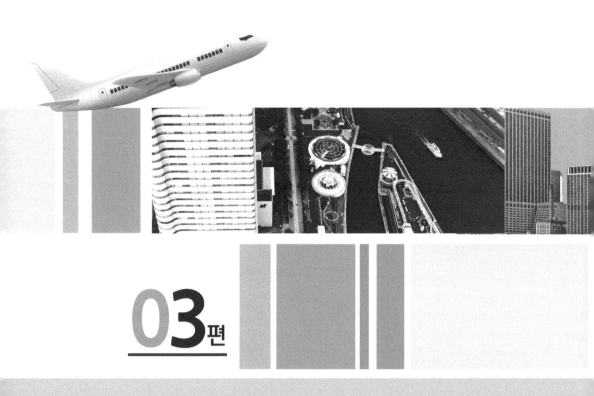

03편

비행의 시작,
이렇게라도 외워보자

1. 자기소개 自我介绍 zìwǒ jièshào 쯔워 지에샤오

您好!我是韩籍乘务员***。
Nínhǎo!wǒ shì hánjí chéngwùyuán***.
닌하오. 워 슬 한지 청우위앤

안녕하십니까, 저는 한국승무원 ***입니다.

我在中国东方航空工作了3年，是经济舱的乘务员。
Wǒ zài Zhōngguó dōngfāng hángkōng gōngzuò le sān nián, shì jīngjìcāng de chéngwùyuán.
워 짜이 쯍구어 똥팡 항콩 꽁쭈어 러 싼 니앤, 슬 찡지창 더 청우위앤.

저는 동방항공에서 3년째 일하고 있습니다. 저는 일반석 승무원입니다.

我是第四批韩籍乘务员。
Wǒ shì dìsìpī hánjí chéngwùyuán.
워 슬 띠 쓰 피 한지 청우위앤.

저는 한국승무원 4기입니다.

我中文说得不太好，最近我正在学中文。
Wǒ zhōngwén shuōde bútàihǎo, zuìjìn wǒ zhèngzài xué zhōngwén.
워 쯍원 슈어 더 부타이하오, 쭈이찐 워 쩡짜이 쉬에 쯍원.

중국어는 잘 못합니다. 지금 중국어를 배우고 있습니다.

我会尽最大的努力。
Wǒ huì jìn zuìdà de nǔlì.
워 후이 찐 쭈이 따 더 누리.

최선을 다해 일하겠습니다.

请多多关照。

Qǐng duō duō guān zhào.

칭 뚜어뚜어 꽌 쟈오.

 잘 부탁드립니다.

학습단어

~살, ~세 岁 suì, 제 第 dì, 일등석 头等舱 tóuděngcāng, 비즈니스석 公务舱 gōngwùcāng,
일반석 经济舱 jīngjìcāng, 한국 韩国 Hánguó 중국 中国 Zhōngguó, 일본 日本 Rìběn

2. 사무장 브리핑

乘务长 简报 chéngwùzhǎngjiǎnbào 청우쟝 지앤빠오

大家好, 我是今天sd 1233次航班的 乘务长***。

Dà jiā hǎo , wǒshì jīntiān sd 1233cì hángbān de chéngwùzhǎng***.

따 지아 하오, 워 슬 찐티앤 sd 야오얼싼싼 츠 항빤 더 청우쟝***.

> 여러분 안녕하세요. 저는 오늘 sd 1233편 사무장 ***입니다.

AB 346次航班前往仁川, 本次航班有机长 3 名, 安全员 2 名,
乘务员 13名。

AB 346 cì hángbān qiánwǎng Rénchuān, běncì hángbān yǒu jīzhǎng sānmíng,
ānquányuán liǎngmíng, chéngwùyuán shísān míng.

AB 싼쓰리우 츠 항빤 치앤왕 런츄안, 번츠 항빤 요우 지쟝 싼밍, 안취앤위앤 량 밍, 청우위앤
슬싼 밍.

> AB 346 항공기로 기장 3명, 안전요원 2명 승무원 13명이 탑승합니다.

从上海出发, 到达仁川。计划起飞时间是上午09:15分, 当地时
间11点45分到达, 预计空中飞行时间是1小时30分钟。

Cóng Shànghǎi chūfā, dàodá Rénchuān. Jìhuà qǐfēi shíjiān shì shàngwǔ
9diǎn15fēn, dāngdì shíjiān 11diǎn 45fēn dàodá, yùjì kōngzhōng fēixíng
shíjiān shì 1xiǎoshí 30 fēnzhōng.

총 샹하이 츄파, 따오다 런츄안. 찌화 치페이 슬지앤 슬 샹우 지오우 디앤 슬우 펀, 땅띠 슬
지앤 슬이디앤 쓰슬우펀 따오다, 위지 콩즁 페이싱 슬지앤 슬 이 시아오슬 싼슬 펀즁.

> 상해출발 인천도착 sd 1233편은 오전 09:15분 출발, 현지 시간 11시 45분 도
> 착, 1시간 30분 비행이며

仁川到上海的sd1234次航班, 12点45分起飞, 北京时间13点15分
到达。

Rénchuān dào Shànghǎi de sd1234cì hángbān, 12diǎn45fēn qǐfēi, Běijīng shíjiān
13diǎn15fēn dàodá.

런츄안 따오 샹하이 더 sd 야오얼싼쓰 츠 항빤, 슬얼디앤 쓰슬우펀 치페이, 베이징 슬지앤
슬싼디앤 슬우펀 따오다.

> 인천 출발 상해도착 sd 1234편은 12:45분 출발 중국시간 13시 15분 도착입니다.

本次航班有2位头等舱乘客, 5位公务舱乘客, 189位经济舱乘客, 1位UM。

Běncì hángbān yǒu 2wèi tóudéngcāng chéngkè, 5wèi gōngwùcāng chéngkè, 189wèi jīngjì cāng chéngkè, 1wèi UM.

번츠 항빤 요우 량웨이 토우덩창 청커 우 웨이 꽁우창 청커, 이바이빠슬지오우 웨이 찡지창 청커, 이 웨이 UM.

> 승객은 퍼스트 2명, 비즈니스 5명 이코노미 189명이며, UM 1명입니다.

由于今天连接航班延误, 飞机会延误20分钟左右。

Yóuyú jīntiān liánjiē hángbān yánwù, fēijī huì yánwù 20fēnzhōng zuǒyòu.

요우위 찐티앤 리앤지에 항빤 옌우. 페이지 후이 옌우 얼슬펀즁 주어요우.

> 오늘 연결편 항공기 도착 지연으로 약 20분간 딜레이가 예상됩니다.

请所有乘务员登机后尽快做好飞行准备。

Qǐng suǒyǒu chéngwùyuán dēngjī hòu jìnkuài zuòhǎo fēixíng zhǔnbèi.

칭 수어요우 청우위앤 떵지 호우 진콰이 쭈어 하오 페이싱 쥰뻬이.

> 모든 승무원들은 비행탑승 후 비행 준비를 서둘러 마치기 바랍니다.

请客舱乘务人员进行灭火器, 救生衣, 安全带等的安全检查. 所有检查完成后请及时报告。

Qǐng kècāng chéngwùrényuán jìnxíng mièhuǒqì, jiùshēngyī, ānquándài děng de ānquánjiǎnchá. Suǒyǒu jiǎnchá wánchéng hòu qǐng jíshí bàogào.

칭 커창 청우런위앤 찐싱 미에후어치, 찌우성이, 안취앤따이 덩 더 안취앤지앤챠. 수어요우 지앤챠 완청 호우 칭 지슬 바오까오.

> 그렇지만 소화기, 구명조끼, 안전벨트 등의 안전점검은 빠짐없이 하기 바라며,
> 모든 점검 후 보고하시기 바랍니다.

以上简报结束。

Yǐshàng jiǎnbào jiéshù.

이샹 지앤빠오 지에슈.

> 이상 브리핑을 마치겠습니다.

학습단어

명 名 míng / ~이다 是 shì /소화기 灭火器 mièhuǒqì / 구명조끼 救生衣 jiùshēngyī / 안전벨트 安全带 ānquándài / 시간 时间 shíjiān

추가 - 탑승 후 사무장 보고

乘务长，已经做好安全检查。

Chéngwùzhǎng, Yǐ jīng zuò hǎo ān quán jiǎn chá.

청우장, 이징 쭈어 하오 안취앤지앤챠.

사무장님 안전설비 모두 확인하였습니다.

乘务长，27A读书灯故障。

Chéngwùzhǎng, 27A dúshūdēng gùzhàng.

청우장, 얼슬치A 두슈떵 꾸장.

사무장님 27A 독서등 고장입니다.

乘务长，后面洗手间门出现故障。

Chéngwùzhǎng, hòumian xǐshǒujiān mén chūxiàn gùzhàng.

청우장, 호우미앤 시쇼우지앤 먼 츄시앤 꾸장.

사무장님 뒤쪽 화장실 문이 고장났습니다.

3. 탑승권登机牌 dēng jī pái 떵지파이

SDNU AIRLINES ECONOMY CLASS BOARDING PASS

| ① 姓名 | ② 航班号 | ③ 日期 | ④ 舱位 | 姓名 **LEE/JIYEON** |
| LEE/JIYEON | SN382 | 25DEC | Y | 出发地 **SEOUL** |

目的地 **SHANGHAI**

| ⑤ 出发地 | ⑥ 目的地 | ⑦ 序号134 | 日期 **25DEC** Y |
| ICN | PVG | | 座位号   航班号 |

32A   SN382

| ⑧ 登机口 | ⑨ 登机时间 | ⑩ 座位号 |
| 12 | 0955 | 32A |

⑪ 坐位区域 1   ⑫ 票号ETKT445124356345667567/1

ETKT445124356345667567/1

⑬ GATES CLOSED 10 MINUTES BEFORE DEPARTURE TIME

그림 참조 参考图片

姓名	xìng míng	씽밍	이름
航班号	háng bān hào	항빤하오	편명(숫자)
日期	rì qī	러치	날짜
舱位	cāng wèi	창웨이	클래스
出发地	chū fā dì	츄파띠	출발지
目的地	mù dì dì	무띠띠	목적지
序号	xù hào	쉬하오	수속창번호
登机口	dēng jī kǒu	떵지코우	탑승게이트
登机时间	dēng jī shí jiān	떵지슬지앤	탑승시간
座位号	zuò wèi hào	쭈어웨이하오	좌석번호
座位区域	zuò wèi qū yù	쭈어웨이취위	좌석구역
票号	piào hào	피아오하오	표번호

학습단어

시간 时间 shí jiān, 복도좌석 靠过道座位 kào guò dào zuò wei,
창문좌석 靠窗座位kào chuāng zuò wei

4. 환영인사 欢迎问候 huān yíng wèn hòu 환잉원호우

您好!欢迎登机。
Nín hǎo! huān yíng dēng jī.
닌하오. 환잉 떵지.
안녕하십니까? 탑승을 환영합니다.

请给我看一下登机牌。/请出示您的登机牌。
Qǐng gěi wǒ kàn yí xià dēng jī pái./Qǐng chū shì nín de dēng jī pái.
칭 게이 워 칸 이시아 떵지파이. 칭 츄 슬 닌 더 떵지파이.
탑승권 좀 보여주시겠습니까?

请里边走。
Qǐng lǐ biān zǒu.
칭 리비앤 조우.
안쪽으로 들어가십시오.

请往里边, 然后右走。
Qǐng wǎng lǐ biān, rán hòu yòu zǒu.
칭 왕 리비앤, 란호우 요우 조우.
안쪽에서 오른쪽입니다.

请这边, 直走。
Qǐng zhè biān, zhí zǒu.
칭 쩌 비앤, 즐 조우.
이쪽 통로를 따라 쭉 들어가십시오.

학습단어

아침 早上 zǎo shang, 점심 中午 zhōng wǔ, 저녁 晚上 wǎn shang
인사 问候 wèn hòu. 앞 前 qián, 뒤 后 hòu, 중간 中间 zhōng jiān
오른쪽 右边 yòu biān 왼쪽 左边 zuǒ biān

5. 좌석안내座位向导 zuò wei xiàng dǎo 쭈어웨이 시앙다오

我的座位在哪里?

Wǒ de zuòwei zài nǎ lǐ?

워 더 쭈어웨이 짜이 나리?

제 좌석은 어디인가요?

您好, 帮您看一下。

Nín hǎo, bāng nín kàn yí xià.

닌 하오, 빵 닌 칸 이시아.

안녕하세요 좌석안내 해 드릴게요.

您的座位是28D。请跟我来。

Nín de zuòwei shì 28D. Qǐng gēn wǒ lái.

닌 더 쭈어웨이 슬 얼슬빠D. 칭 껀 워 라이.

손님 좌석은 28D입니다. 저를 따라오세요.

您的座位在这里。

Nín de zuòwei zài zhèlǐ.

닌 더 쭈어웨이 짜이 쩌리.

손님 여기입니다.

洗手间现在可以用吗?

Xǐshǒujiān xiànzài kěyǐ yòng ma?

시쇼우지앤 시앤짜이 커이 용 마?

화장실을 지금 이용해도 될까요?

可以, 洗手间在后面。

Kěyǐ, xǐshǒujiān zài hòumian.

커이, 시쇼유지앤 짜이 호우 미앤.

네 화장실은 뒤쪽에 있습니다.

谢谢。
Xiè xie.
씨에씨에.

감사합니다.

학습단어
··

여기 这里 zhè lǐ / 저기 那里 nà lǐ. 앞 前 qián, 중간 中间 zhōng jiān, 뒤 后 hòu

6. 휴대 가방登机箱 dēng jī xiāng 명지시앙
(包括背包, 手提包, 20寸以内的行李箱)

你好. 请把包放在前座下面或者行李架上。
Nǐhǎo. Qǐng bǎ bāo fàngzài qiánzuò xiàmiàn huòzhě xínglǐjià shang.
닌하오. 칭 바 빠오 팡짜이 치앤 쭈어 시아미앤 후어져 싱리지아 상.
안녕하세요. 손님 가방은 앞좌석 밑이나 선반 (오버헤드빈)위에 놓으시면 됩니다.

过道儿不能放行李。
Guòdàor bùnéng fàng xínglǐ.
꾸어따올 뿌넝 팡 싱리.
손님 통로에는 짐을 놓으실 수 없습니다.

需要我帮您把包放上面吗?
Xūyào wǒ bāngnín bǎ bāo fàngshàngmian ma?
쉬야오 워 빵닌 바 빠오 팡 쌍미앤 마?
제가 위에 올려 드릴까요?

包里有没有易破损物品?
Bāolǐ yǒuméiyǒu yìpòsǔn wùpǐn?
빠오리 요우메이요우 이포순 우핀?
가방 안에 혹시 깨지는 물품이 있을까요?

请放在座位正上方。
Qǐng fàng zài zuòwei zhèngshàngfāng.
칭 팡 짜이 쭈어웨이 쩡상팡.
바로 위쪽에 올려드렸습니다.

학습단어

가방 包 bāo / 노트북 笔记本 (笔记本电脑 bǐ jì běn diàn nǎo)

7. 화장실洗手间 xǐ shǒu jiān 시쇼우지앤

洗手间在 哪儿/哪里?
Xǐshǒujiān zài nǎr /nǎ lǐ?
시쇼유지앤 짜이 날/나리?
화장실이 어디인가요?

洗手间在中间。
Xǐshǒujiān zài zhōngjiān.
시쇼유지앤 짜이 쭝지앤.
손님 화장실은 중간에 있습니다.

洗手间现在可以用吗?
Xǐshǒujiān xiànzài kěyǐ yòng ma?
시쇼유지앤 시앤짜이 커이 용 마?
지금 화장실을 이용해도 될까요?

可以使用.但是/可是 洗手间有人。
Kěyǐ shǐyòng. Dànshì /kěshì xǐshǒujiān yǒu rén.
커이 슬용. 딴슬/커슬 시쇼유지앤 요우 런.
네 가능합니다. 그런데 화장실 안에 사람이 있습니다.

稍等一下。
Shāo děng yī xià.
샤오 덩 이시아.
잠시 기다려 주세요.

· ·

화장실 휴지 卫生纸 wèi shēng zhǐ / 양변기 马桶 mǎ tǒng /
물 내리는 버튼 冲水按钮 chōng shuǐ àn niǔ / 사람이 있다 有人 yǒu rén/
사람이 없다 没有人 méi yǒu rén.

8. 비상구 좌석 紧急出口座位 jǐn jí chū kǒu zuò wei
진지츄코우 쭈어웨이

您好?
Nín hǎo?
닌하오.
안녕하십니까?

您的座位是紧急出口座位。
Nín de zuòwei shì jǐnjíchūkǒu zuòwèi.
닌 더 쭈어웨이 슬 진지츄코우 쭈어웨이.
손님이 앉아 계신 좌석은 비상구 좌석입니다.

紧急出口座位前面不能放任何物品。
Jǐnjíchūkǒu zuòwèi qiánmiàn bù néng fàng rènhé wùpǐn.
진지츄코우 쭈어웨이 치앤미앤 뿌넝 팡 런허우핀.
비상구 좌석 앞쪽은 아무것도 놓으실 수 없습니다.

还有，请阅读前面座椅口袋里的告示。
Hái yǒu, qǐng yuèdú qiánmiàn zuòyǐ kǒudài lǐ de gàoshi.
하이요우, 칭 위에 두 치앤미앤 쭈어이 코우따이리 더 까오슬.
그리고 앞 좌석 주머니 안쪽에 안내문이 있으니 읽어주시기 바랍니다.

如有疑问请告诉我。
Rú yǒu yíwèn qǐng gàosu wǒ.
루 요우 이원 칭 까오수 워.
궁금한 점이 있으시면 저를 불러 주시기 바랍니다.

谢谢。
Xiè xie
씨에 씨에.
감사합니다.

9. 이륙안내 起飞通知 qǐ fēi tōng zhī 치페이 통즐

我们的飞机马上就要起飞了。请系好安全带。

Wǒmen de fēijī mǎshàng jiùyào qǐfēi le. Qǐng jì hǎo ānquándài.

워먼 더 페이지 마상 찌우야오 치페이 러. 칭 찌하오 안취앤따이.

손님 저희 비행기는 곧 이륙합니다. 안전벨트를 착용해 주시기 바랍니다.

请关闭所有电子设备。

Qǐng guānbì suǒyǒu diàn zǐ shè bèi.

칭 꽌비 수어요우 띠앤즈 셔뻬이.

모든 전자기기는 꺼 주시기 바랍니다.

请将手机调整到飞行模式。

Qǐng jiāng shǒujī tiáozhěng dào fēixíng móshì.

칭지앙 쇼유지 티아오정 따오 페이싱 모슬.

핸드폰은 비행모드로 해 주시기 바랍니다.

请打开遮光板。

Qǐng dǎ kāi zhē guāng bǎn.

칭 다카이 쩌광반.

햇빛가리개는 열어 주세요.

请收起小桌板。

Qǐng shōuqǐ xiǎozhuōbǎn.

칭 쇼유치 시아오쮸어반.

테이블은 접어 주세요.

请收起座椅脚踏板。

Qǐng shōuqǐ zuòyǐ jiǎotàbǎn.

칭 쇼우치 쭈어이 지아오타반.

발받침대는 올려 주세요.

马上就要起飞了，请您坐好，不要随意走动。

Mǎshàng jiùyào qǐfēi le, qǐng nín zuò hǎo, bú yào suíyì zǒudòng.

마샹 찌우야오 치페이 러, 칭 닌 쭈어하오, 부야오 조우똥.

곧 이륙하오니 이동은 하실 수 없습니다.

학습단어

전자기기 电子设备 diàn zǐ shè bèi / 핸드폰 手机 shǒu jī

10. 음료서비스 饮料服务 yǐn liào fú wù 인리아오 푸우

我们准备了水，橙汁，苹果汁，可乐，咖啡还有茶。
Wǒmen zhǔnbèi le shuǐ, chéng zhī, píng guǒ zhī, kě lè, kā fēi hái yǒu chá.
워먼 쥰뻬이 러 슈에이, 청즐, 핑궈즐, 커러, 카페이 하이요우 챠.

손님 저희는 물, 오렌지 주스, 사과 주스, 콜라, 커피, 차가 준비되어 있습니다.

您想喝什么饮料？
Nín xiǎng hē shénme yǐnliào?
닌 시앙 허 션머 인리아오.

어떤 음료 하시겠습니까?

请给我咖啡。
Qǐng gěi wǒ kā fēi.
칭 게이 워 카페이.

커피주세요.

需要加糖和奶吗？
Xūyào jiā táng hé nǎi ma?
쉬야오 지아 탕 허 나이 마?

설탕 프림 필요하십니까?

请给我糖。
Qǐng gěi wǒ táng.
칭 게이 워 탕.

설탕만 주세요.

很烫，请小心。
Hěn tàng, Qǐng xiǎo xīn.
헌 탕, 칭 시아오신.

네, 손님 뜨겁습니다 조심하십시오.

학습단어

....

복숭아주스 桃汁 táo zhī, 포도 주스 葡萄汁 pú táo zhī, 토마토 주스 西红柿汁 xī hóng shì zhī,
스프라이트 雪碧 xuě bì 레드와인 红葡萄酒 hóng pú táo jiǔ,
화이트와인 白葡萄酒 bái pú táo jiǔ, 맥주 啤酒 pí jiǔ

11. 식사 서비스餐饮服务 cān yǐn fú wù 찬인푸우

乘客您好，我们将为您准备餐食。
Chéng kè nín hǎo , wǒ men jiāng wèi nín zhǔn bèi cān shí.
청커 닌하오, 워먼 지앙 웨이 닌 쥰뻬이 찬슬.
손님, 식사 준비해 드리겠습니다.

今天是鸡肉盖饭和炸鱼盖饭。
Jīntiān shì jīròugàifàn hé zháyúgàifàn.
찐티앤 슬 찌로우 까이판 허 쟈위까이판.
오늘은 닭고기 덮밥과 생선튀김 밥입니다.

今天准备了牛肉盖饭和中国式面条。
Jīntiān zhǔnbèi le niúròugàifàn hé zhōngguóshìmiàntiáo.
찐티앤 쥰뻬이 러 니우 로우 까이판 허 쯍궈슬 미앤티아오.
오늘은 소고기 덮밥과 중국식 면이 준비되어 있습니다.

您想要哪个?
Nín xiǎng yào nǎ gè?
닌 시앙 야오 나 거?
어느 것으로 하시겠습니까?

在这里。有点热，请小心。
Zài zhè lǐ 。 Yǒudiǎn rè, qǐng xiǎoxīn.
짜이쩌리. 요우디앤 러, 칭 시아오신.
여기 있습니다. 뜨겁습니다. 조심하십시오.

请慢用。
qǐng màn yòng.
칭만용.

맛있게 드세요.

학습단어
....

밥 米饭 mǐ fàn / 면 面条 miàn tiáo / 빵 面包 miàn bāo / 죽 粥 zhōu
닭고기 鸡肉 jī ròu / 소고기 牛肉 niú ròu / 돼지고기 猪肉 zhū ròu
채식 素食 sù shí / 아동식 儿童餐 ér tóng cān/ 유아식 / 婴儿餐 yīng ér cān

12. 면세물품免税品 miǎn shuì pǐn 미앤슈에이핀

各位旅客, 现在开始销售免税品。
Gè wèi lǚkè, xiànzài kāishǐ xiāoshòu miǎnshuìpǐn.
꺼웨이뤼커, 시앤짜이 카이슬 시아오쇼우 미앤슈이핀.
> 손님 여러분 지금부터 면세품 판매를 시작하겠습니다.

想要购买的话请告诉我。
Xiǎng yào gòumǎi de huà qǐng gàosù wǒ.
시앙 야오 꼬우 마이 더 화 칭 까오수 워.
> 구입을 원하시면 말씀하세요.

座位口袋里有商品目录。
Zuò wèi kǒu dài lǐ yǒu shāngpǐn mùlù.
쭈어웨이 코우따이리 요우 샹핀 무루.
> 상품 카달로그는 좌석 주머니 안에 준비되어 있습니다.

美元/韩币/人民币, 银行卡都可以使用。
Měi yuán /Hán bì/Rénmínbì, yínhángkǎ dōu kěyǐ shǐyòng.
메이위앤/한삐/런민삐, 인항카 또우 커이 슬용.
> 달러/ 원화 / 카드 모두 사용 가능합니다.

您想用什么结算?
Nín xiǎng yòng shénme jiésuàn?
닌 시앙 용 션머 지에쑤안?
> 결제는 어떤 것으로 하시겠습니까?

给您找钱。谢谢。
Gěi nín zhǎoqián. Xièxie.
게이 닌 쟈오 치앤. 씨에 씨에.
거스름돈 드리겠습니다. 감사합니다.

학습단어

담배 烟 yān / 술 酒 jiǔ / 향수 香水 xiāng shuǐ / 립스틱 口红 kǒu hóng
돈 钱 qián : 달러 美元 měi yuán 위안화 人民币 rén mín bì / 원화 韩币 hán bì
영수증 发票 fā piào 있다 / 없다 有/没有 yǒu / méi yǒu
승객께 이미 드렸다. 已经给顾客了 yǐ jīng gěi gù kè le

13. 비자/입국신고서签证/入境卡

qiān zhèng/rù jìng kǎ 치앤졍 / 루징카

是入境卡。

Shì rù jìng kǎ.

슬 루징카.

> 입국신고서입니다.

是中国人还是韩国人?

Shì zhōng guó rén hái shì hán guó rén?

슬 쯍궈런 하이슬 한궈런?

> 중국인입니까 한국인입니까?

是个人签证吗?/ 是团体签证吗?

Shì gè rén qiān zhèng ma?/ Shì tuán tǐ qiān zhèng ma?

슬 꺼런 치앤쪙 마? / 슬 투안티 치앤졍 마?

> 개인비자입니까?/ 단체 비자입니까?

一起给您报关单。

Yì qǐ gěi nín bào guān dān.

이치 게이 닌 빠오관딴.

> 세관신고서 같이 드리겠습니다.

都得写。

Dōu děi xiě.

또우 데이 시에.

> 모두 작성하셔야 합니다.

我帮您写。请给我护照。

Wǒ bāng nín xiě. Qǐng gěi wǒ hù zhào.

워 빵 닌 시에. 칭 게이 워 후쟈오.

> 제가 작성을 도와드리겠습니다. 여권 주시겠습니까?

在这里。
Zài zhè lǐ.
짜이 쩌리.

손님 여기 있습니다.

谢谢。
Xièxie.
씨에 씨에.

감사합니다.

개인비자 个人签证 gè rén qiān zhèng / 단체비자 团体签 证tuán tǐ qiān zhèng
여권 护照 hù zhào

14. 비행 중 사무장 보고飞行途中 乘务长报告
fēixíng túzhōng　chéngwùzhǎng bàogào
페이싱 투즁 청우쟝 빠오까오

乘务长, 55D小孩子发烧。
Chéngwùzhǎng, 55D xiǎoháizi fāshāo.
청우쟝, 우슬우D 시아오 하이즈 파샤오.
> 사무장님, 55D 어린이가 열이 많이 난다고 합니다.

小朋友妈妈申请机内退烧药。
Xiǎopéngyǒu māma shēnqǐng jīnèi tuìshāoyào.
시아오 펑요우 마마 션칭 지네이 투이샤오야오.
> 기내 해열제를 어린이 어머님께서 요청하십니다.

我来测一下体温。
wǒ lái cè yí xià tǐwēn.
워 라이 처 이시아 티원.
> 체온을 확인해 보겠습니다.

通过广播查找一下有没有机内医生。
Tōngguò guǎngbō cházhǎo yíxià yǒuméiyǒu jīnèiyīshēng.
통궈 광뽀 챠쟈오 이시아 요우메이요우 지네이 이성.
> 방송으로 기내 의사가 계신지 찾아보도록 하겠습니다.

向其他乘务员通报客人的情况, 并密切关注。
Xiàng qítā chéngwùyuán tōngbào kèrén de qíngkuàng, bìng mìqiè guānzhù.
시앙 치타 청우위앤 통빠오 커런 더 칭쾅, 삥 미치에 꽌쥬.
> 다른 승무원들에게도 손님의 상황을 알리고, 주의깊게 관찰하도록 하겠습니다.

乘务长, 36A客人因为飞机餐问题在抱怨。

Chéngwùzhǎng, 36A kèrén yīnwèi fēijīcān wèntí zài bàoyuàn.

청우장, 싼슬리우A 커런 인웨이 페이지찬 원티 짜이 빠오위앤.

사무장님, 36A 손님이 기내식 문제로 컴플레인을 하셨습니다.

他是一位素食主义者, 他的素食餐还没准备好。

Tā shì yíwèi sùshízhǔyìzhě, tāde sùshícān hái méi zhǔnbèi hǎo.

타 슬 이웨이 쑤슬런, 타 더 쑤슬찬 하이 메이 쥰뻬이 하오.

베지테리안인데 요청한 기내식이 준비되지 않았습니다.

餐饮确认时没有素食餐。

Cānyǐn quèrèn shí méiyǒu sùshícān.

찬인 취에런 슬 메이요우 쑤슬찬.

케이터링 확인 시에는 베지테리안 요청이 없었습니다.

好像有失误。

Hǎoxiàng yǒu shīwù.

하오시앙 요우 슬우

착오가 있었던 것 같습니다.

先郑重地道歉。

Xiān zhèngzhòng de dàoqiàn.

시앤 쩡쯍 더 따오치앤.

먼저 정중히 사과를 드리고.

从乘务员餐里单独准备素食餐。

Cóng chéngwùyuán cān lǐ dāndú zhǔnbèi sùshícān.

총 청우위앤 찬 리 딴두 쥰뻬이 쑤슬찬.

승무원식에서 베지테리안 식으로 따로 준비해 드렸습니다.

但是他想和乘务长谈谈。
Dànshì tā xiǎng hé chéngwùzhǎng tántan.
딴슬 타 시앙 허 청우장 탄탄.

> 그러나 승객께서 사무장님과 이야기하고 싶어 하십니다.

拜托了。
Bài tuō le.
바이투어 러.

> 부탁드립니다.

 학습단어

아픈 승객 生病的乘客 shēng bìng de chéng kè / 호흡곤란 呼吸困难 hū xī kùn nán /
해열제 退烧药 tuì shāo yào / 멀미 头晕 tóu yūn / 귀가 아픈 승객 耳朵疼的乘客
ěr duō téng de chéng kè / 식중독 食物中毒 shí wù zhòng dú

15. 비행기 하강 飞机下降 fēijī xiàjiàng 페이지 시아지앙

飞机开始下降。请系好安全带。

Fēijī kāishǐ xiàjiàng. Qǐng jì hǎo ānquándài.

페이지 카이슬 시아지앙. 칭 찌 하오 안취앤따이.

손님 비행기가 하강을 시작합니다. 안전벨트를 착용해주시기 바랍니다.

请打开遮阳板，请收起小桌板。

Qǐng dǎkāi zhēyángbǎn, Qǐng shōuqǐ xiǎo zhuō bǎn.

칭 다카이 쩌광반, 칭 쇼우치 시아오쮸어반.

햇빛 가리개를 열어주시고, 테이블을 접어 주시기 바랍니다.

请收起脚踏板。

Qǐng shōuqǐ jiǎotàbǎn.

칭 쇼우치 지아오타반.

발받침대도 올려주시기 바랍니다.

现在已经不能使用洗手间了。

Xiànzài yǐjīng bù néng shǐyòng xǐshǒujiān le.

시앤짜이 이징 뿌넝 슬용 시쇼우지앤 러.

지금은 화장실 사용이 중지되었습니다.

如遇紧急情况，请尽快使用。飞机马上就要着陆了。

Rú yù jǐnjíqíngkuàng, qǐng jìnkuài shǐyòng. Fēijī mǎshàng jiùyào zhuólù le.

루 위 진지칭쾅, 칭 진콰이 슬용. 페이지 마샹 찌우야오 쥬어루 러.

급하시면, 최대한 빨리 사용해 주십시오. 곧 착륙합니다.

現在不提供咖啡了。不好意思。

Xiànzài bù tígōng kāfēi le. Bù hǎo yì si.

시앤짜이 뿌 티공 카페이 러. 뿌하오이쓰.

지금은 커피를 드릴 수 없습니다. 죄송합니다.

학습단어

하강 下降 xià jiàng / 중지 中止; 中断 zhōng zhǐ ; zhōng duàn / 착륙 着陆 zhuólù

16. 착륙着陆 zhuó lù 쥬어루

不能从座位上站起来。
Bùnéng cóng zuòwei shàng zhànqǐlái.
뿌넝 총 쭈어웨이 샹 짠치라이.

일어나시면 안 됩니다.

飞机还在滑行过程中。
Fēijī hái zài huáxíng guòchéng zhōng.
페이지 하이 짜이 화싱 구어쳥 즁.

아직 비행기가 이동 중입니다.

请坐下。
Qǐng zuò xià.
칭 쭈어 시아.

자리에 앉아주세요.

不要打开行李架。
Búyào dǎkāi xínglǐjià.
부야오 다카이 싱리지아.

선반 열지 마세요.

请等到飞机完全停稳。
Qǐng děng dào fēijī wánquán tíngwěn.
칭 덩따오 페이지 완취앤 팅원.

비행기가 멈출 때까지 기다려 주시기 바랍니다.

谢谢。
Xiè xie.
씨에 씨에

감사합니다.

17. 환송欢送 huān sòng 환송

谢谢。
Xiè xie.
씨에 씨에
감사합니다.

祝您旅途愉快。
Zhù nín lǔtú yúkuài.
쭈 닌 뤼투 위콰이.
즐거운 여행 되시길 바랍니다.

您慢走！
Nín màn zǒu.
닌 만 조우.
안녕히 가세요!

欢迎您下次再次乘坐我们航空公司的飞机。
Huānyíng nín xiàcì zàicì chéngzuò wǒmen hángkōnggōngsī de fēijī.
환잉 닌 씨아츠 짜이츠 쳥쭈어 워먼 항콩꽁스 더 페이지.
다음 여행에도 저희 항공사를 이용해 주시기 바랍니다.

请再次确认一下有没有遗忘的东西。
Qǐng zàicì quèrèn yíxià yǒuméiyǒu yíwàng de dōngxi.
칭 짜이츠 취에런 이시아 요우메이요우 이왕 더 똥시.
잊으신 물건이 없는지 다시 한번 확인해 주세요.

毯子不能带走。
Tǎnzi bùnéng dài zǒu.
탄즈 뿌넝 따이 조우.
손님 담요는 가져가실 수 없습니다.

18. 분실물 발견 发现失物 fāxiàn shīwù 파시앤 슬우

乘务长, 26A的座位上发现了手机。
Chéngwùzhǎng,26A de zuòwei shàng fāxiàn le shǒujī.
청우쟝, 얼슬리우A 더 쭈어웨이 샹 파시앤 러 쇼우지.
사무장님 26A 좌석에서 휴대폰을 발견했습니다.

行李架上发现了小包。
Xínglǐjià shàng fāxiàn le xiǎobāo.
싱리지아 샹 파시앤 러 시아오빠오.
선반에 작은 가방이 발견되었습니다.

乘务长, 发现了护照。
Chéngwùzhǎng, fāxiàn le hùzhào.
청우쟝, 파시앤 러 후쟈오.
사무장님 여권을 발견했습니다.

乘务长, 已确认失物。什么也没发现。
Chéngwùzhǎng, yǐ quèrèn shīwù. Shénme yě méi fāxiàn.
청우쟝, 이 취에런 슬우. 션머 예 메이 파시앤.
사무장님 분실물 확인 마쳤습니다. 아무것도 발견되지 않았습니다.

학습단어

휴대폰 手机 shǒu jī, 노트북 笔记本电脑 bǐjìběn diànnǎo, 여권 护照 hù zhào,
지갑 钱包. qián bāo

19. 사무장/동료 인사乘务长、同事 问候

chéngwùzhǎng、tóng shì wèn hòu 청우쟝, 통슬 원호우

乘务长, 检查完毕。

Chéngwùzhǎng, jiǎnchá wánbì.

청우쟝, 지앤챠 완삐.

사무장님 모든 점검을 마쳤습니다.

乘务长, 餐饮已经确认完成。

Chéngwùzhǎng, cānyǐn yǐjīng quèrèn wánchéng.

청우쟝, 찬인 이징 취에런 완청.

사무장님 케이터링 확인을 마쳤습니다.

乘务长, 请签名。

Chéngwùzhǎng, qǐng qiānmíng.

청우쟝, 칭 치앤밍.

사무장님 사인 부탁드립니다.

乘务长, 今天也辛苦了。

Chéngwùzhǎng, jīntiān yě xīnkǔ le.

청우쟝, 찐티앤 예 씬쿠 러.

사무장님 오늘도 수고 많으셨습니다.

大家辛苦了。

Dàjiā xīnkǔ le.

따지아 씬쿠 러.

모두 수고 많으셨습니다.

谢谢。
Xiè xie.
씨에 씨에.
감사합니다.

下次飞行再见。
Xiàcì fēixíng zàijiàn.
시아츠 페이싱 짜이찌앤.
다음 비행에서 뵙겠습니다.

20. 방송문

[WELCOME]

　各位乘客，我代表本次航班机长__先生以及机组全体人员欢迎您乘坐星空联盟的韩亚航空公司 OZ_次航班(以及中国东方/南方/国际航空公司 MU/CZ/CA__次航班)前往_.我是本次航班的中国国籍乘务员——，很荣幸随时为您提供中文服务。(两名以上：同时与我们同行的还有中国国籍乘务员 一，一。我们很荣幸随时为您提供中文服务。)(延误：本次航班由于____原因，延误起飞，对此耽误了您的行程，给您带来的诸多不便，请您谅解。) 本次飞行时间预计为_.在飞行过程中，您有什么需要，请随时招呼乘务员，我们十分乐意为您提供及时周到的服务。稍后我们将为您播放机内安全演示（如有需要：为了客舱环境的舒适，我们将对照明系统进行调整，如果您有需要，请您打开头顶上方的读书灯。请听从担任机内安全乘务员的指示.谢谢!祝您旅途愉快!

Gèwèi chéngkè, Wǒ dàibiǎo běncì hángbān jīzhǎng__xiānsheng yǐjí jīzǔ
꺼웨이 청커, 워 따이비아오 번츠 항빤 찌쟝( ) 시앤셩 이지 찌쥬

quántǐ rényuán huānyíng nín chéngzuò xīngkōngliánméng de HánYà
취앤티 런위앤 환잉 닌 청쭈어 싱콩리앤멍 더 한야

hángkōng gōngsī OZ__cì hángbān (yǐjí zhōngguó dōngfāng /nánfāng
항콩꽁스 OZ( )츠 항빤(이지 쭝구어 똥팡/ 난팡

 /guójì hángkōng gōngsī MU/CZ/CA__cì hángbān)qiánwǎng__.
구어지 항콩꽁스 MU/CZ/CA( )츠 항빤) 치앤왕 ( ).

Wǒshì běncì hángbān de zhōngguó guójí chéngwùyuán ___ ,
워 슬 번츠 항빤 더 쭝구어 구어지 청우위앤 ( ),

Hěnróngxìng suíshí wéinín tígōng zhōngwénfúwù.
헌 롱싱 수이슬 웨이 닌 티공 쭝원푸우.

(Liǎngmíng yǐshàng : Tóngshí yǔ wǒmen tóngxíng de háiyǒu zhōngguó
리앤밍 이샹: 통슬 위 워먼 통싱 더 하이요우 쭝구어

guójí chéngwùyuán___, ___.Wǒmen hěn róngxìng suíshí wèinín tígōng
구어지 청우위앤 ( ). 워먼 헌 롱싱 수이슬 웨이닌 티공
zhōngwén fúwù.) (Yánwù : běncì hángbān yóuyú ____yuányīn, yánwù qǐfēi
쭝원 푸우.) (옌우: 번츠 항빤 요우위 _위앤인, 옌우 치페이
duì cǐ dānwù le nínde xíngchéng, Gěi nín dàiláide zhūduō búbiàn,
뚜이 츠 딴우 러 닌더 싱청, 게이 닌 따이라이 더 쥬뚜어 부비앤.
qǐng nín liàngjiě.) Běncì fēixíng shíjiān yùjì wéi___.Zài fēixíng guòchéng
칭 닌 량지에.) 번츠 페이싱 슬지앤 위지 웨이 ( ). 짜이 페이싱 구어청 쭝
zhōng, nín yǒu shénme xūyào, qǐng suíshí zhāohu chéngwùyuán,
닌 요우 션머 쉬야오, 칭 수이슬 짜오후 청우위앤,
wǒmen shífēn lèyì wéi nín tígōng jíshí zhōudào de fúwù.
워먼 슬펀 러이 닌 티공 지슬 쪼우따오 더 푸우.
Shāohòu wǒmen jiāng wéinín bōfàng jīnèi ānquán yǎnshì
샤오 호우 워먼 지앙 웨이닌 뽀팡 지네이 안취앤 옌슬
(Rú yǒu xū yào : wèi le kècāng huánjìng de shūshì, Wǒmen jiāng duì
(루 요우 쉬야오 : 웨이 러 커창 환징 더 슈슬, 워먼 지앙 뚜이
zhàomíngxìtǒng jìnxíng tiáozhěng, rúguǒ nín yǒu xūyào, qǐng nín dǎkāi
쨔오밍 시통 찐싱 티아오정, 루구어 닌 요우 쉬야오, 칭 닌 다카이
tóudǐng shàngfāng de dúshūdēng) .Qǐng tīngcóng dānrèn jīnèi ānquán
토우딩 상팡 더 두슈떵). 칭 티공 딴런 지네이 안취앤
chéngwùyuán de zhǐshì.xiè xie! Zhù nín lǚtú yúkuài!
청우위앤 더 즐슬. 씨에 씨에. 쮸 닌 뤼투 위콰이.

손님 여러분, 이 항편의 기장인 ___와 기조 전체를 대표하여 ___로 가는 스타얼라이언스 아시아나 항공 OZ___(중국동방/남방/국제항공 MU/CZ/CA__편)편에 탑승하신 것을 진심으로 환영합니다.
저는 이 항편의 중국 승무원 ___으로 중국어 서비스를 손님 여러분께 제공하게 되어 영광으로 생각합니다. (지연: 이 항편은 ___로 인하여 이륙이 지연되고 있습니다. 손님 여러분의 여정에 불편을 드리게 된 점 양해 부탁드립니다.)
비행시간은 ___로 예상하며, 비행 중 필요한 것이 있으시면 언제든지 승무원을 불러주십시오. 기쁜 마음으로 즉시 세심한 서비스를 제공해 드리겠습니다.

잠시 후 기내 안전 비디오를 상영하겠습니다. (필요시: 손님 여러분께 편안한 환경을 제공해 드리기 위해 기내 조명을 조절하겠습니다. 필요하시다면 머리 위에 위치한 독서등을 켜 주시기 바랍니다.)

기내 안전을 담당하는 승무원의 지시에 협조해 주십시오.

감사합니다.

즐거운 여행 되시기 바랍니다.

[TAKE-OFF]

各位乘客，我们的飞机马上就要起飞了，请再次确认您的安全带是否已经系好. 谢谢!

Gèwèi chéngkè, wǒmende fēijī mǎshàng jiùyào qǐfēi le, qǐng zàicì quèrèn
꺼웨이 청커, 워먼 더 페이지 마샹 찌오우야오 치페이 러, 칭 짜이츠 췌이런
nínde ānquándài shìfǒu yǐjīng jìhǎo.xiè xie!
닌더 안취앤따이 슬포 이징 찌하오. 씨에 씨에.

손님 여러분, 곧 이륙하겠습니다.
좌석벨트를 착용하셨는지 다시 한번 확인해 주시기 바랍니다.
감사합니다.

[DUTY-FREE SALES]

各位乘客，我们现在为您提供免税商品的销售服务，欢迎各位选购.各种商品均标有美元，韩元，日元，欧元以及人民币价格. 为了方便机上购物，我们还接受国际信用卡，如果您在网上预定了商品并已付款,请您告知乘务员。我们将在降落前_分钟停止免税品的出售。

Gèwèi chéngkè, wǒmen xiànzài wèi nín tígōng miǎnshuì shāngpǐn de
꺼웨이 청커, 워먼 시앤짜이 웨이 닌 티공 미앤슈이핀 샹핀 더
xiāoshòu fúwù, huānyíng gèwèi xuǎngòu.gèzhǒng shāngpǐn jūn biāoyǒu
시아오쇼우 푸우, 환잉 꺼웨이 쉬앤꼬우. 꺼즁 샹핀 쮠비아오 요우
měiyuán, hányuán, rìyuán, ōuyuán yǐjí rénmínbì jiàgé.Wèile fāngbiàn jīshàng
메이위앤, 한위앤, 를위앤, 오우위앤 이지 런민삐 찌아거. 웨이러 팡비앤 지샹
gòuwù, wǒmen hái jiēshòu guójì xìnyòngkǎ, Rúguǒ nín zài wǎngshàng
꼬우우, 워먼 하이 지에쇼우 구어지 신용카, 루구어 닌 짜이 왕샹
yùdìng le shāngpǐn bìng yǐfùkuǎn, qǐng nín gàozhī chéngwùyuán.
위띵 러 샹핀 삥 이 푸콴, 칭 닌 까오즐 쳥우위앤.
Wǒmen jiāng zài jiàngluòqián___fēnzhōng tíngzhǐ miǎnshuìpǐn de chūshòu.
워먼 지앙 짜이 지앙루어 치앤 ( )펀즁 팅즐 미앤슈이핀 더 츄쇼우.

손님 여러분, 현재 승객 여러분을 위해 면세품 판매 서비스를 제공하고 있습니다. 필요하시면 언제든지 이용해 주시기 바랍니다. 각종 상품은 US 달러, 원화, 엔화로 표시되어 있으며, 유로와 인민폐 가격으로도 이용하실 수 있습니다. 기내 상품 구매의 편리함을 위해 국제 신용카드를 받고 있으며, 만약 인터넷상에서 예약 주문하고 결제 완료한 상품이 있으시다면 승무원에게 알려주시기 바랍니다.

착륙 ___분 전에 면세품 판매 서비스를 종료하겠습니다.

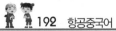

[Bound-for Korea]

　所有的酒类商品需将与收据一起放入指定的酒类商品销售袋出售.转乘去国际航线的乘客,请在免税品购买的申请单上填好"转乘"一项。

Suǒyǒu de jiǔlèi shāngpǐn xū jiāng yǔ shōujù yìqǐ fàngrù zhǐdìng de jiǔlèi
수어요우 더 지오우레이 상핀 쉬 지앙 위 쇼우쮜 이치 팡루 즐딩 더 지오우레이
shāngpǐn xiāoshòudài chūshòu.Zhuǎnchéng qù guójì hángxiàn de chéngkè
상핀 시아오쇼우따이 츄쇼우. 쮸안청 취 구어지 항시앤 더 청커,
Qǐng zài miǎnshuìpǐn gòumǎi de shēnqǐngdān shàng tiánhǎo "zhuǎn chéng "yíxiàng.
칭 짜이 미앤슈이핀 꼬우마이 더 션칭딴 샹 티앤 하오 "쮸안청" 이시앙.

모든 주류 상품은 반드시 구매 영수증과 함께 지정된 주류 상품 봉투에 넣어 판매해야 합니다. 환승하여 국제선으로 갈아타시는 손님께서는 면세품 구매 신청서 상에 기재되어 있는 "환승" 항목에 표시해 주시기 바랍니다.

[Bound-for other countries except Korea]

转乘去国际航线的乘客,请在免税品购买的申请单上填好"
转乘"一项。如您在上次的航班上预订了商品，请告知乘务员。

Zhuǎnchéng qù guójì hángxiàn de chéngkè, qǐng zài miǎnshuìpǐn gòumǎi
쥬안청 취 구어지 항시앤 더 청커, 칭 짜이 미앤슈이핀 꼬우마이
de shēnqǐngdān shàng tiánhǎo "zhuǎn chéng " yíxiàng. Rú nín zài shàng
더 션칭딴 샹 티앤하오 "쥬안청" 이시앙. 루 닌 짜이 샹
cì de hángbānshàng yùdìng le shāngpǐn, qǐng gàozhī chéngwùyuán.
츠 더 항빤 샹 위띵 러 상핀, 칭 까오즐 청우위앤.

机内还为中国乘客推荐了韩国知名品牌的商品，敬请您 翻
阅免税品杂志.并且您购买免税品可以用　10　元以上的人民币
结账，请您参考。谢谢。

Jīnèi hái wèi zhōngguó chéngkè tuījiàn le hánguó zhīmíng pǐnpái de shāngpǐn,
지네이 하이 웨이 쭝구어 청커 투이지앤 러 한구어 즐밍 핀파이 더 상핀,
Jìngqǐng nín   fānyuè miǎnshuìpǐn zázhì.Bìngqiě nín gòumǎi miǎnshuìpǐn
찡 칭 닌 판위에 미앤슈이핀 자즐. 삥치에 닌 꼬우마이 미앤슈이핀
kěyǐ yòng 10 yuán yǐshàng de rénmínbì jiézhàng, Qǐng nín cān kǎo.xiè xie.
커이 용 슬 위앤 이샹 더 런민삐 지에짱, 칭 닌 찬카오. 씨에 씨에.

국제 노선으로 환승하시는 손님께서는 면세품 구매 신청서 상에 기재
되어 있는 "환승" 항목에 표시해 주시기 바랍니다. 만약 이전 항공편에
서 예약한 상품이 있으시다면 승무원에게 말씀해 주시기 바랍니다.
중국 손님들을 위한 한국 유명 브랜드의 상품들을 추천하고 있으니 면
세품 책자를 참고하시고, 아울러 면세품 구매 시에는 10위안 이상의 인
민폐부터 결제 가능하니 참고해 주시기 바랍니다.

[DOCUMENTATION: KOREA]

各位乘客，现在请您填写韩国入境所需的各种表格. 持有韩国护照，团体签证，外国人登陆证和获得韩国永久居住权的乘客不需要填写入境卡，其他非韩国国籍乘客都需要填写入境卡。而海关申报单一家人填写一张就可以。根据韩国政府有关规定。旅客不能携带水果，肉类，以及畜牧类物品入境。

Gèwèi chéngkè, Xiànzài qǐngnín tiánxiě hánguó rùjìng suǒxūde gèzhǒng biǎogé.
꺼웨이 청커, 시앤짜이 칭 닌 티앤시에 한구어 루징 수어쉬더 꺼즁 비아오거.

chíyǒu hánguó hùzhào, tuántǐ qiānzhèng, wàiguórén dēnglùzhèng hé huòdé
츨요우 한구어 후쟈오, 투안티 치앤쩡, 와이구어런 떵루쩡 허 후어더

hánguó yǒngjiǔ jūzhùquán de chéngkè búxūyào tiánxiě rùjìngkǎ, qítā fēi
한구어 용지오우 쥐쮸취앤 더 청커 뿌쉬야오 티앤시에 루징카, 치타 페이

hánguó guójí chéngkè dōu xūyào tiánxiě rùjìngkǎ.Er hǎiguān shēnbàodān
한구어 구어지 청커 또우 쉬야오 티앤시에 루징카. 얼 하이관 션빠오딴

Yì jiārén tiánxiě yìzhāng jiùkěyǐ. Gēnjù hánguó zhèngfǔ yǒuguān guīdìng.
이 지아런 티앤시에 이즐 찌오우 커이. 껀쥐 한구어 쩡푸 요우관 구이띵.

lǚkè bùnéng xiédài shuǐguǒ, ròulèi, yǐjí xùmùlèi wùpǐn rùjìng.
뤼커 뿌넝 시에따이 슈이구어, 로우레이, 이지 쉬무레이 우핀 루징.

[如有需要：为防止疾病的传染，请您如实清楚的填写健康声明卡，如在旅行期间，有腹泻，恶心，发烧等症状请告知健康检疫官] 在海外期间，有从事畜牧业的乘客，请您填写海关申报单以及健康声明卡，并在提取行李后到检验办公室做再一次说明。[如有需要：在此我们提醒您，本次航班代码是__，到港时间为__月__日，如果您有什么疑问，请参看座椅前口袋里韩亚航空杂志第__页]. 谢谢。

[Rúyǒu xūyào ：wèi fángzhǐ jíbìng de chuánrǎn, qǐng nín rúshí qīngchǔ
[루요우 쉬야오: 웨이 팡즐 지삥 더 츄안란, 칭 닌 루슬 칭츄

de tiánxiě jiànkāng shēngmíngkǎ, rú zài lǚxíng qījiān, yǒu fùxiè, ě xīn
더 티앤시에 찌앤캉 셩밍카, 루 짜이 뤼싱 치지앤, 요우 푸시에, 어신,

fāshāo děng zhèngzhuàng qǐng gàozhī jiànkāng jiǎnyìguān] zài hǎiwài
파샤오 덩 쩡쥬앙 칭 까오즐 찌앤캉 지앤이관] 짜이 하이와이,

qījiān yǒu cóngshì xùmùyè de chéngkè, qǐng nín tiánxiě hǎiguān

치지앤 요우 총슬 쉬무예 더 청커, 칭 닌 티앤시에 하이관
shēnbàodān yījí jiànkāng shēngmíngkǎ, bìng zài tíqǔ xínglǐ hòu dào jiǎnyàn
션빠오딴 이지 찌앤캉 셩밍카, 삥 짜이 티취 싱리 호우 따오 지앤옌
bàngōngshì zuò zàiyícì shuōmíng.[rú yǒu xūyào ：zài cǐ wǒmen tíxǐng nín
빤공슬 쭈어 짜이이츠 슈어밍. [루 요우 쉬야오: 짜이 츠 워먼 티싱 닌
běncì hángbān dàimǎ shì __, dào gǎng shíjiān wéi __yuè __rì, rúguǒ nín
번츠 항빤 따이마 슬 (   ), 따오 강 슬지앤 웨이 (   ) 위에 (   )를, 루구어 닌
yǒu shénme yíwèn, qǐng cānkàn zuòyǐ qián kǒudàilǐ hányà hángkōng
zázhì   dì __yè]. xiè xie.
요우 선머 이원, 칭 찬칸 쭈어이 치앤 코우따이리 한야항콩 자즐 띠 (   ) 예. 씨에 씨에

손님 여러분, 한국 입국에 필요한 서류를 작성해 주시기 바랍니다. 한국 여권, 단체 비자, 외국인 등록증과 한국 영주권을 소지하신 손님께서는 입국카드를 작성하지 않아도 됩니다. 기타 한국 국적이 아닌 손님께서는 입국카드를 작성해 주시기 바랍니다.

세관신고서는 가족당 한 장 작성하시면 됩니다. 한국 정부 관련 규정에 근거하여 과일, 육류, 가축류 등은 한국으로 가지고 오실 수 없으니 유의하시기 바랍니다.

[필요시: 질병으로부터의 감염을 방지하기 위해 검역카드를 정확히 기재해 주시기 바랍니다. 만약 여행 기간 중 설사, 메스꺼움, 발열 등의 증상이 있으신 분은 검역관에게 말씀해 주십시오. 해외 체류 기간에 목축업에 종사하신 승객은 세관신고서와 검역카드에 기재해 주시기 바라며, 위탁 수하물 수취 후 검역 사무실로 가셔서 다시 한 번 설명해 주시기 바랍니다.]

[필요시: 항공편명은 __이며, 착륙 시간은 __월 __일입니다. 만약 의문사항이 있으시다면 좌석 앞의 주머니 속에 비치되어 있는 아시아나항공 잡지 __쪽을 참고해 주시기 바랍니다.]

감사합니다.

[10,000ft. SIGN ON]

各位乘客，稍后我们的飞机将抵达_机场。现在飞机已经开 始
下降，请您系好安全带，收起小桌板，调直座椅靠背（并把座
椅下的脚踏板收起），打开遮光板，B777/330/321:请把电脑遥
控器放回原来的位置）。请把手提物品以及手提电脑，放回行
李架原来的地方或座椅下方。飞机下降过程中，卫生间已停
止使用，谢谢您的合作。

Gèwèi chéngkè, shāohòu wǒmen de fēijī jiāng dǐdá___jīchǎng.Xiànzài fēijī
꺼웨이 청커, 샤오호우 워먼 더 페이지 지앙 디다 ( ) 지챵. 시앤짜이 페이지

yǐjīng kāishǐ xiàjiàng, qǐng nín jìhǎo ānquándài, shōuqǐ xiǎozhuōbǎn, tiáozhí
이징 카이슬 시아지앙, 칭 닌 찌 하오 안취앤따이, 쇼우치 시아오쥬어반,

Zuòyǐ kàobèi
티아오즐 카오뻬이

(bìng bǎ zuòyǐxià de jiǎotàbǎn shōuqǐ), dǎ kāi zhē guāng bǎn,
삥 바 쭈어이 시아 더 지아오타반 쇼우치, 다 카이 쩌광반

B777/330/321 :qǐng bǎ diànnǎo yáokòngqì fànghuí yuánláide wèi zhi)。
칭 바 띠앤나오야오콩치 팡 후이 위앤라이 더 웨이즐.

qǐng bǎ shǒutíwùpǐn yǐjí shǒutídiànnǎo, fànghuí xínglǐjià yuánlái de dìfāng
칭 바 쇼우티우핀 이지 쇼우티띠앤나오, 팡우이 싱리지아 위앤라이 더 띠팡

huò zuòyǐ xiàfāng 。 fēijī xiàjiàng guòchéngzhōng, wèishēngjiān yǐ tíngzhǐ
shǐyòng,
후어 쭈어이 시아팡. 페이지 시아지앙 구어청즁, 웨이성지앤 이 팅즐 슬용, xièxie nínde
hézuò. 씨에 씨에 닌더 허쭈어.

손님 여러분, 잠시 후 __공항에 도착하겠습니다.

비행기가 이미 하강을 시작하였으니 좌석벨트를 착용해 주시고, 테이
블을 제자리로 해 주시기 바랍니다. 좌석 등받이와 좌석 아래 발 받침
대를 제자리로 해주시고, 창문 커튼은 열어주십시오.

B777/330/321: 컴퓨터 리모컨은 원위치 해 주시기 바랍니다.

휴대 수화물과 노트북 등은 오버헤드빈 혹은 좌석 아래에 놓아주시기
바랍니다.

하강 중에는 화장실을 사용하실 수 없습니다. 감사합니다.

[FAREWELL]

　各位乘客，您是否与我们韩亚航空公司度过了一段愉快而舒适的旅行？ 飞机刚刚抵达__机场.中国与韩国的时差为一小时，现在是 当地时间__分. (延误：本次航班由于____原因， 延误到达， 对此耽误了您 的行程， 给您带来的诸多不便， 请您谅解。） 飞机还将继 续滑行， 不要离开座位. 再次提醒您， 在您下飞机时， 请再一次检查一下座椅前口袋里及您座椅下方有没有您遗忘的物品， 打开行李架时请小心， 以免行李在飞行途中改变位置而滑落. 我们韩亚航空公司将用最优质的服务为您提供愉快而舒适的旅行， 再次感谢您乘坐我们星空联盟的韩亚航空公司(以及代码共享的中国东方/南方/国际航空公司)的班机， 希望下次旅途再会， 谢谢!

Gèwèi chéngkè, nín shìfǒu yǔ wǒmen hányàhángkōng gōngsī dùguò le
꺼웨이 청커, 닌 슬포우 위 워먼 한야항콩꽁스 뚜구어 러

yíduàn yúkuài ér shūshì de lǚxíng? fēijī gānggāng dǐdá____jī chǎng.
이두안 위콰이 얼 슈슬 더 뤼싱? 페이지 강강 디다 ( ) 지챵.

zhōngguó yǔ hánguó de shíchā wéi yìxiǎoshí, xiànzài shì dāngdìshí jiān __fēn.
쫑구어 위 한구어 더 슬차 웨이 이 시아오슬, 시앤짜이 슬 땅띠 슬지앤 ( ) 펀.

(yán wù ：běncì hángbān yóuyú ____yuányīn, yánwù dàodá, duìcǐ dānwù le nín de xíngchéng,
옌우: 번츠 항빤 요우위 ( )위앤인, 옌우 따오다, 뚜이츠 딴우 러 닌더 싱청

gěi nín dàilái de zhūduō búbiàn, qǐng nín liàngjiě.) fēijī hái jiāng jìxù huáxíng,
게이 닌 따이라이 더 쭈뚜어 부비앤, 칭 닌 량지에.) 페이지 하이 지앙 지쉬 화싱,

búyào líkāi zuòwèi. zài cì tíxǐng nín, zài nín xiàfēijī shí, qǐng zàiyícì jiǎnchá
부야오 리카이 쭈어웨이. 짜이츠 티싱닌, 짜이 닌 시아지 슬, 칭 짜이이츠 지앤챠

yíxià zuòyǐ qián kǒudàilǐ jí nín zuòyǐ xiàfāng yǒuméiyǒu nín yíwàng de
이시아 쭈어이 치앤 코우따이리 지 닌 쭈어이 시아팡 요우메이요우 닌 이왕 더

wùpǐn, dǎkāi xínglǐjià shí qǐng xiǎoxīn, yǐmiǎn xínglǐ zài fēixíng túzhōng
우핀, 다카이 싱리지아 슬 칭 시아오신, 이미앤 싱리 짜이 페이싱 투쭝

gǎibiàn wèizhi ér huáluò.wǒ men hányàhángkōng gōngsī jiāng yòng zuì
가이비앤 웨이즐 얼 화루어. 워먼 한야항콩 꽁스 지앙 용 쭈이

zhì de fúwù wèi nín tígōng yúkuài ér shūshì de lǚxíng, zàicì gǎnxiè nín
요우즐 더 푸우 웨이 닌 티공 위콰이 얼 슈슬 더 뤼싱, 짜이츠 간씨에 닌

chéngzuò　wǒmen xīngkōngliánméng de hànyàhángkōng gōngsī (yǐjí dàimǎ
청쭈어 워먼 싱콩리앤멍 더 한야항콩 꽁스(이지 따이마
gòngxiǎng de zhōngguódōngfāng / nánfāng /guójì hángkōng gōngsī)de
꽁시앙 더 쫑구어동팡/난팡/구어지 항콩 꽁스)더
bānjī, xīwàng xiàcì lǚtú zàihuì, xièxie!
빤지, 시왕 시아츠 뤼투 짜이후이, 씨에 씨에.

손님 여러분, 아시아나 항공과 함께 즐겁고 편안한 여행 되셨습니까?
항공기는 __공항에 도착했습니다. 중국과 한국의 시차는 한 시간이며
현재 현지 시각은 __시 __분입니다.
(지연: __로 인한 지연으로 손님 여러분의 일정에 차질을 빚어 불편을
초래하였습니다. 양해 부탁드립니다.) 항공기가 아직 이동 중이니 자리
에서 일어나지 마시기 바랍니다. 다시 한 번 강조 드리자면, 하기 시 좌
석 앞의 주머니 속과 좌석 아래에 놓고 가시는 물건이 없는지 확인해
주시고, 선반(오버헤드빈)을 여실 때에는 비행 중 물건의 위치가 바뀌
어 떨어질 수 있으니 조심해 주시기 바랍니다.
아시아나 항공은 최상의 우수한 서비스로 손님 여러분께 즐겁고 편안
한 여행을 제공해 드리겠습니다. 다시 한 번 아시아나 항공의 탑승(코
드쉐어 중국 동방/남방/국제항공)을 진심으로 감사드리며 다음 여행에
서 다시 뵙게 되기를 희망합니다.
감사합니다.

저자약력

이지연

현) 한중청소년문화교육교류센터 토토china 대표
   중국산동사범대학교 항공승무원학과 한국입학처 대표
   서울문화예술대학교 외래교수
   글로벌서비스인재양성센터 대표
   라플라잇 승무원학원 대표
전) 중국동방항공 객실승무원 승무부 팀장

서효원

인하대학교 교육대학원 중국학교육 석사
경기대학교 일반대학원 관광경영학과 박사 수료
현) 여주대학교 항공서비스과 초빙교수
전) 중국동방항공 객실승무원, 승무원 인사부 팀장
   아시아나항공 객실승무원, 중국어 교육 커미티(committee)회원

감수 李文美

중국곡부사범대학교 국제한어과 석사
국립안동대학교 대학원 한문과 박사과정

저자와의
합의하에
인지첩부
생략

항공중국어

2020년 3월 10일 초판 1쇄 발행
2023년 1월 10일 초판 2쇄 발행

지은이 이지연 · 서효원
펴낸이 진욱상
펴낸곳 (주)백산출판사
교 정 박시내
본문디자인 오행복
표지디자인 오정은

등 록 2017년 5월 29일 제406-2017-000058호
주 소 경기도 파주시 회동길 370(백산빌딩 3층)
전 화 02-914-1621(代)
팩 스 031-955-9911
이메일 edit@ibaeksan.kr
홈페이지 www.ibaeksan.kr

ISBN 979-11-6567-006-1 93720
값 13,000원